不一樣的中國史 12

楊照——著

從八旗到洋行，天朝震盪的時代

清

中國史是臺灣史的重要部分

歷史知識建立在兩項基本信念上，第一是相信人類的事物都是有來歷的，沒有什麼是天上掉下來或奇蹟所創造的；第二則是相信弄清楚事物的來歷很重要，大有助於我們分析理解現實，看清楚現實的種種糾結，進而對於未來變化能夠有所掌握，做出智慧、準確的決定。

歷史教育要有意義、有效果，必須回歸到這兩種信念來予以檢驗，看看是否能讓孩子體會、掌握歷史知識的作用。

不管當下現實的政治態度是什麼，站在歷史知識的立場上，沒有人能否認臺灣是有來歷的，不可能是開天闢地就存在，也不可能是什麼神力所創造的。因而歷史教育最根本該教的，就是「臺灣怎麼來的」。

要回答「臺灣怎麼來的」，必定預設了臺灣有其特殊性，和其他地方、其他國家不一樣，所以才需要從時間上溯源去找出之所以不一樣的理由。臺灣為什麼會有不一樣的文化？為什麼會有不一樣的社會？為什麼會有這樣的政治制度與政治狀態？為什麼會和其他國家產生不同的關係？……

所謂以臺灣為本位的歷史教育，就是認真地、好好地回答這幾個彼此交錯纏結的大問題。那麼歷史教育的內容好不好，也就可以明確地用是否能引導孩子思考、解答這些問題來評斷了。

過去將臺灣歷史放在中國歷史裡，作為中國歷史一部分的結構，從這個標準上看，有著明白而嚴重的缺失，那就是忽略了臺灣複雜的形成過程，特殊的地理位置使得臺灣從十七世紀就在東亞海域衝突爭奪中有了角色，中國之外的各種力量長期影響了臺灣。只從中國的角度，不看來自荷蘭、日本、美國等政治與文化作用，絕對不可能弄清楚臺灣的來歷。

但是，過去的錯誤不能用相反的方式來矯正。臺灣歷史不應該是中國歷史的一部分，然而中國歷史卻仍然是臺灣歷史非常重要的一部分。關鍵重點在調整如此的全體與部分關係，確認不該將臺灣史視為中國史的一部分，而該翻轉過來將中國史視為構成及解釋臺灣史的一部分。這樣調整之後，再來衡量中國史在如此新架構中該有的地位與分量。

不只是臺灣的社會與文化，從語言文字到親族組織原則到基本價值信念，和中國歷史有著太深、太緊密的連結；就連現實的政治與國際關係，去除了中國歷史變化因素，就無法理解了。硬是要降低中國歷史所占的比例分量，降低到一定程度，歷史就失去了解釋來歷和分析現實的基本作用了。

從歷史上必須被正視的事實是：中國文化的核心是歷史，保存歷史、重視歷史、訴諸歷史是中國最明顯、最特殊的文化性格。因而中國文化對臺灣產生過的影響作用，非得回到中國歷史上才能看得明白。

不理解中國史，拿掉了這部分，就不是完整的臺灣史。東亞史的多元結構無法提供關於臺灣來歷的根本說明，諸如：臺灣人所使用的語言文字、所信奉的宗教與遵行的儀式、內在的價值判斷優先順序、對於自我身分角色選擇認定的方式、意識深層模仿學習的角色模式……

歷史教育需要的是更符合臺灣特殊性的多元知識，但這多元仍需依照歷史事實分配比例，一味相信降低中國史比例就是對的，違背了歷史事實，也違背了歷史知識的根本標準。

目次 contents

第三講

盛世及其潛伏的危機

第四講

變化中的滿漢文化互動

第五講

東方帝國與西方帝國的根本差異

第六講
鴉片戰爭與對外交涉

第七講
清中葉改革動能及其限制

第八講 絕不太平的「太平天國」

第九講 儒生、儒將、鄉勇

第十講

通商口岸帶來的變化

「重新認識」中國歷史

1

錢穆（賓四）先生自學出身，沒有學歷，沒有師承，很長一段時間在小學教書，然而他認真閱讀並整理了古書中幾乎所有春秋、戰國的相關史料，寫成了《先秦諸子繫年》一書。之所以寫這樣一本考據大書，很重要的刺激來自於名譟一時的《古史辨》，錢穆認為以顧頡剛為首的這群學者，「疑古太過」，帶著先入為主的有色眼光看中國古代史料，處處尋覓偽造作假的痕跡，沒有平心靜氣、盡量客觀地做好查考比對文獻的基本工夫。工夫中的工夫，基本中的基本，是弄清楚這些被他們拿來「疑古辨偽」的材料究竟形成於什麼時代。他們不願做、不能做，以至於許多推論必定流於意氣、草率，於是錢穆便以一己之力從根做起，竟然將大部分史料精確排比到可以

「編年」的程度。

很明顯地，《先秦諸子繫年》的成就直接打擊《古史辨》的可信度。當時任職燕京大學，在中國學術界意氣風發、引領風騷的顧頡剛讀了《先秦諸子繫年》，立刻理解體會了錢穆的用意。他的反應是什麼？他立刻推薦錢穆到廣州中山大學教書，也邀請錢穆為《燕京學報》寫稿。中山大學錢穆沒有去，倒是替《燕京學報》寫了〈劉向歆父子年譜〉，錢穆自己說：「此文不啻特與頡剛諍議，頡剛不介意，既刊余文，又特推薦余在燕京任教。」

這是個「民國傳奇」。裡面牽涉到那個時代學者對於知識學問的熱情執著，也牽涉到那個時代學者的真誠風範，還牽涉到那個時代學院重視學識高於重視學歷的開放氣氛。沒有學歷的錢穆在那樣的環境中，單純靠學問折服了潛在的論敵，因而得以進入當時的最高學府任教。

這傳奇還有後續。錢穆後來從燕京大學轉往北京大學，「中國通史」是當時政府規定的大學歷史系必修課，北大歷史系慣常的做法，是讓系裡每個老師輪流排課，將自己所擅長的時代或領域，濃縮在幾堂課中教授，用這種方式來構成「中國通史」課程。換句話說，大家理所當然認為「中國通史」就是由古至今不同斷代的中國歷史接續起來，頂多再加上一些跨時代的專史。

可是被派去「中國通史」課堂負責秦漢一段歷史的錢穆，不同意這項做法。他公開地對學生表達了質疑：不知道前面的老師說了什麼，也不知道後面的老師要說什麼，每個老師來給學生片片斷斷的知識，怎麼可能讓學生獲得貫通的中國史理解？學生被錢穆的質疑說服了，也是那個時代的精神，學生認為既然不合理就該要求改，系裡也同意既然批評反對得有道理就該改。

怎麼改？那就將「中國通史」整合起來，上學期由錢穆教，下學期則由系裡的中古史大學者陳寅恪教。這樣很好吧？問了錢穆，錢穆卻說不好，而且明白表示，他希望自己一個人教，而且有把握可以自己一個人教！

這是何等狂傲的態度？本來只是個小學教員，靠顧頡剛提拔才破格進到北大歷史系任職的錢穆，竟然敢排擠數不清精通多少種語言、已是中古史權威的大學者陳寅恪，自己一人獨攬教「中國通史」的工作。他憑什麼？他有資格嗎？

至少那個年代的北大歷史系覺得錢穆有資格，就依從他的意思，讓他自己一個人教「中國通史」。錢穆累積了在北大教「中國通史」的經驗，後來抗戰中隨「西南聯大」避居昆明時，埋首寫出了經典史著《國史大綱》。

2

由《國史大綱》的內容及寫法回推，我們可以明白錢穆堅持一個人教「中國通史」，以及北大歷史系接受讓他教的理由。那不是他的狂傲，毋寧是他對於什麼是「通史」，提出了當時系裡其他人沒想到的深刻認識。

用原來的方式教的，是「簡化版中國史」，不是「中國通史」。「中國通史」的關鍵，當然是在「通」字，而這個「通」字顯然來自太史公司馬遷的「通古今之變」。司馬遷的《史記》包納了上下兩千年的時代，如此漫長的時間中發生過那麼多的事，對於一個史家最大的挑戰，不在如何蒐集兩千年留下來的種種資料，而在如何從龐大的資料中進行有意義的選擇，從中間選擇什麼，又放棄什麼。

關鍵在於「有意義」。只是將所有材料排比出來，呈現的勢必是偶然的混亂。許多發生過的事，不巧沒有留下記錄資料；留下記錄資料可供後世考索了解的，往往瑣碎零散。更重要的，這些偶然記錄下來的人與事，彼此間有什麼關聯呢？如果記錄是偶然的，人與人、事與事之間也沒有什麼關聯，那麼知道過去發生了什麼事要做什麼？

史家的根本職責就在有意識地進行選擇，並且排比、串聯所選擇的史料。最簡單、最基本的串聯是因果解釋，從過去發生的事情中去挖掘、去探索「因為／所以」：前面有了這樣的現象，以至於後來有了那樣的發展；前面做了這樣的決定，導致後來有了那樣的結果。排出「因為／所以」來，歷史就不再是一堆混亂的現象與事件，人們閱讀歷史也就能夠藉此理解時間變化的法則，學習自然或人事因果的規律。

「通古今之變」，也就是要從規模上將歷史的因果解釋放到最大。之所以需要像《史記》那樣從文明初始寫到當今現實，正因為這是人類經驗的最大值，也就提供了從過往經驗中尋索出意義與智慧的最大可能性。我們能從古往今來的漫長時間中，找出什麼樣的貫通原則或普遍主題呢？還是從消化漫長時間中的種種記錄，我們得以回答什麼只有放進歷史裡才能回答的關鍵大問題呢？

這是司馬遷最早提出的「通古今之變」理想，這應該也是錢穆先生堅持一個人從頭到尾教「中國通史」的根本精神價值來源。「通史」之「通」，在於建立起一個有意義的觀點，幫助學生、讀者從中國歷史中看出一些特殊的貫通變化。這是眾多可能觀點的其中一個，藉由歷史的敘述與分析能夠盡量表達清楚，因而也必然是「一家之言」。不一樣的人研究歷史會看到、凸顯不同的重點，提出不同的解釋。如果是因不同時代、不同主題就換不同人從不同觀點來講，那麼追求一貫「通古今之變」的理想與精神就無處著落了。

3

這也是我明顯自不量力一個人講述、寫作一部中國歷史的勇氣來源。我要說的，是我所見到的中國歷史，從接近無窮多的歷史材料中，有意識、有原則地選擇出其中的一部分，講述如何認識中國歷史的一個故事。我說的，只是眾多中國歷史可能說法中的一個，有我如此訴說、如此建立「通古今之變」因果模式的道理。

這道理一言以蔽之，是「重新認識」。意思是我自覺針對已經有過中國歷史一定認識的讀者，透過學校教育、普遍閱讀甚至大眾傳媒，有了對中國歷史的一些基本常識、一些刻板印象。

我試圖要做的，是邀請這樣的讀者來「重新認識」中國歷史，來檢驗一下你以為的中國歷史，和事實史料及史學研究所呈現的，中間有多大的差距。

也就是在選擇中國史敘述重點時，我會優先考慮那些史料或史學研究上相當扎實可信，卻和一般常識、刻板印象不相合甚至相違背的部分。這個立場所根據的，是過去百年來，「新史學」、西方史學諸方法被引進運用在研究中國歷史所累積的豐富成果。但很奇怪的，也很不幸的，這些精采、有趣、突破性的歷史知識與看法，卻遲遲沒有進入教育體系，沒有進入一般人的歷史常識中，以至於活在二十一世紀的大部分人對中國歷史的認識，竟然都還依循著一百多年前流通的傳統說法。「重新認識」的一個目的，就是用這些新發現、新研究成果，來修正、挑戰、取代傳統舊說法。

「重新認識」的另一個目的，是回到「為什麼學歷史」的態度問題上，提供不同的思考。學歷史到底在學什麼？是學一大堆人名、地名、年代，背誦下來在考試時答題用？這樣的歷史知識，一來根本隨時在網路上都能查得到，二來和我們的現實生活有什麼關聯？不然，是學用現代想法改編的古裝歷史故事、歷史戲劇嗎？這樣的歷史，固然有現實連結，方便我們投射感情入戲，然而對於我們了解過去、體會不同時代的特殊性，有什麼幫助呢？

在這套書中，我的一貫信念是，學歷史最重要的不是學 What——歷史上發生了什麼，而是更要探究 How and Why——去了解這些事是如何發生的、為什麼會發生。沒有 What 當然無從解釋 How and Why，歷史不可能離開事實敘述只存在理論；然而歷史也不可以、不應該只停留在事實敘述上。只敘述事實，不解釋如何與為什麼，無論將事實說得再怎麼生動，畢竟無助於我們從歷史而認識人的行為多樣性，以及個體或集體的行為邏輯。

藉由訴說漫長的中國歷史，藉由同時探究歷史中的如何與為什麼，我希望一方面能幫助讀者梳理、思考今日當下這個文明、這個社會是如何形成的；另一方面能讓讀者確切感受到中國文明內在的多元樣貌。在時間之流裡，中國絕對不是單一不變的一塊，中國人、中國社會、中國文明曾經有過太多不一樣的變化。這些歷史上曾經存在的種種變貌，總和加起來才是中國。在沒有如實認識中國歷史的豐富變化之前，讓我們先別將任何關於中國的看法或說法視為理所當然。

4

這是一套一邊說中國歷史，一邊解釋歷史知識如何可能的書。我的用心是希望讀者不要只是被動地接受這些訊息，當作是斬釘截鐵的事實；而是能夠在閱讀中主動地參與，去好奇、去思考：我們怎麼能知道過去發生了什麼，又如何去評斷該相信什麼、懷疑什麼？歷史知識的來歷常常和歷史本身同樣曲折複雜，甚至更加曲折複雜。

這套書一共分成十三冊，能夠成書最主要是有「敏隆講堂」和「趨勢講堂」，讓我能夠兩度完整地講授中國通史課程，每一次的課程都前後橫跨五個年頭。換句話說，從二〇〇七年第一講開講算起，花了超過十年時間。十年備課、授課的過程中，大部分時間用於消化各式各樣的論文、專書，也就是關於中國歷史的研究，並努力吸收這些研究的發現與論點，盡量有機地編組進我的歷史敘述與討論中。明白地說，我將自己的角色設定為一個勤勞、忠實、不輕信、不妥協的二手研究整合者，而不是進入原始一手材料提出獨特成果的人。也只有放棄自己的原創研究衝動，虛心地站在前輩及同輩學者的龐大學術基礎上，才有可能處理中國通史題材，也才能找出一點點「通」的心得。

將近兩百萬字的篇幅，涵蓋從新石器時代到辛亥革命的時間範圍，這樣一套書，一定不可避免地含夾了許多錯誤。我只能期望能夠將單純知識事實上的「硬傷」降到最低，至於論理與解釋帶有疑義的部分就當作是「拋磚引玉」，請專家讀者不吝提出指正意見，得以將中國歷史的認識推到更廣且更深的境界。

第一講

清朝的「偉業」（Great Enterprise）

01 當人類經驗的全面記錄不再是不可能時

如今我們活在一個大量記錄與大量複製的時代，每個人的手機裡都有幾千張照片、影片，並且視之為理所當然。還有，每天絕大部分時間，我們只要在公共空間中，走在街上，搭乘公車或捷運，進入商店購物或去政府機構辦事，面容與身影都會被各種攝影鏡頭拍攝、記錄下來。

這是驚人的變化。二十年前，甚至才十年前，對於照相，人們一般還抱持著選擇的觀念，重要的場合才拍照留念。現在當你每天用手機拍下五十張照片時，重要或不重要的標準必定混淆了，再也難以區分維持。重要與否的標準或決斷，不再是即時的、當場的，變成是第二序的、遞延的——等到要整理照片時再說吧。而那想像中說好的要整理、分類、保留、刪除照片的時刻，通常會一直往後拖延，甚至不會到來，隨著雲端儲存空間擴大而不需要到來。

也是二十年前，如果有人描述一個社會，到處裝滿了監視器，每一個路口有三個、五個，每一間商店有六個、十個，一個人從出門到回家，基本上可以用這些監視器拍到的畫面記錄，完整重建他去過的每一個地方、做過的每一件事，那一定是出現在可怕的「反烏托邦」未來小說中，一種延續歐威爾（George Orwell, 1903-1950）小說《一九八四》（*Nineteen Eighty-Four*）的警告，警告失去自由的可怕。

然而現在當我們遺失了重要物品，到警察局報案，如果警察跟你說在某個路口剛好沒有拍到你經過，你會表示難以接受，甚至暴跳如雷，怎麼可能監視器沒有發揮作用！

這樣的環境挑戰了長久以來人們對於「歷史」的觀念與定義。當我們說「歷史」時，其實有兩種不完全一樣的意思。一種指的是過去的事，曾經發生過的人類經驗總和，這是廣義的歷史，也是歷史的本體，必然存在、也必然是我們理解與討論的基礎。當我們說「弄清楚歷史事實」、「歷史真相」時，我們相信、依賴的是這個歷史本體的存在。

不過還有一種我們更常指涉的，那就是已經被選擇過、整理過，可以被訴說的過去經驗。當我們說「歷史會記錄這件事」、「留名青史」、「值得被寫入歷史」時，用的就是這種歷史的定義。

這兩者之間當然有密切關係，被訴說的歷史，不能違背更根本的歷史本體。然而這兩者卻又存在著終極的差異。因為歷史本體中的絕大部分內容不會被記錄下來，當然也就不可能被訴說，進入被訴說的歷史內容中。

不過這個假定受到了強大的挑戰。再下一代的人，他們會出生在記錄與儲存更方便、更理所當然的環境裡。我年輕時開始使用個人電腦，出現了可以儲存512KB內容的三點五吋磁碟，那時候覺得自己一整個學期寫的所有報告都能儲存在裡面，真的好了不起。到現在，我寫書時所使用的是一個2TB的硬碟，算一下，體積沒有多大的差別，可是其容量是最早那張磁碟的四百萬倍，也就是要堆四百萬張當時的那種磁碟片，才能有同樣的容量！

這種增長的速率使得人類經驗的全面記錄不再必然是不可能的。於是可以問、也應該問：如果真的可以記錄所有的人類經驗，那麼我們對歷史的看法與理解，將會有什麼樣的改變？

02 和畫地圖一樣，講歷史要決定比例尺

過去，歷史必然是簡化的，被迫是簡化的，因為任何一個事件都不可能保留所有的史料，大部分的史料都消失不在了。我們只能依賴極其有限、少得可憐的史料來重建歷史、講述歷史。

即使像是發生在一九六三年十一月，當時全世界權力最大的美國總統甘迺迪遭暗殺的事件，都沒有足夠的史料，可以讓我們將那天在德州達拉斯到底發生了什麼事原原本本說清楚。

不過，除了被迫的簡化之外，歷史還有另一種因應功能所需的簡化。這意味著就像地圖必然是簡化的一樣，和現實現物一樣大的地圖不是畫不出來、造不出來，而是畫出來、造出來之後完全沒有用。唯有將現實現物縮小，將很多細節拋棄減省，地圖才能發揮功用，指引我們方向，讓我們循著地圖找到要去的地方。

如果有一天，歷史的本體——也就是人類曾經有過的經驗總和——可以攤在我們眼前，就和

等比例、不縮小的地圖一樣，對我們來說沒有任何幫助，完全無用。我們無法訴說這樣的歷史，不可能從中得到任何歷史的認識。於是弔詭地，當記錄材料徹底完整無缺時，就沒有歷史了。

歷史一定要簡化、一定要選擇。仍然和畫地圖一樣，講歷史首先要決定比例尺，或說從多大多遠的眼光來看待歷史。尺度很重要，可是也有著必然無法兩全的內在衝突：比例尺愈大的，可以包含愈多的細節，也就只能涵蓋愈小的範圍；倒過來，比例尺愈小的，提供我們愈廣愈大的視角，卻也就愈無法清楚地顯現細節。

沒有完美萬能的地圖，只有依照不同需要而最適切的地圖。現在手機上的電子地圖最神奇的功能，就在於可以隨時調整尺度。如果到北京旅遊，要從五環去到二環，你需要較小的比例才能顯示路線；但進一步要找到和平里賓館，就必須轉換大一點的比例。

講述歷史也是如此。講得簡單，就能夠快速掌握龐大的人類經驗。例如哈拉瑞（Yuval Noah Harari, 1976-）的《人類大歷史》（*Sapiens: A Brief History of Humankind*），用二十萬字就說完了從二十萬年前到現在的歷史。然而這樣的歷史對於真實的經驗保留得很少，必定刪除掉很多很多。也有光是說一九四四年六月六日諾曼第登陸戰役就用了五十萬字的歷史敘述，裡面有很多不同的經驗與體會，但加起來，我們卻連二次大戰歐洲戰場的全貌都無法掌握。

很多人在閱讀歷史時遺忘了這個根本的道理。歷史的敘述與理解，同樣牽涉到依不同功能而選擇的不同尺度。不同尺度就有不同的簡化方式，關係到要省略什麼、保留什麼。

以前的地圖慣常保留道路，保留公共建築和公共設施，卻省略了路面上的其他建築物，現在的電子地圖則盡可能顯示各種不同的店家位置。不一樣的顯現重點，指向不同的使用方式。前者讓你沿著道路尋找要去的地點，後者直接確定你想要的目的地，以便為你安排導航路線。前者的重點放在你要有足夠清楚的道路訊息，好決定如何行進；後者的重點轉為確認你要去的地方沒有差錯，電腦才不會給出錯誤導引。

但也還有其他不同的地圖。例如工程使用的地形圖，圖上沒有任何人為的道路、房子，重點顯現的是等高線，曲曲折折、一環一環，也許還會依照不同的地層構造塗上不同的顏色。如果拿你居住了一輩子的城市的自然地形圖給你，你很可能看得眼花撩亂，什麼都認不出來。

歷史也是如此。任何一種歷史敘述的成立，與歷史資料相比，刪除掉的都一定遠多於保留下來的。正因為只保留那麼少的部分，為什麼保留這些、敘述這些，就應該要經過特殊的、仔細的考慮規劃。

03 任何的歷史敘述都是選擇後的結果

前面都是用地圖做比擬來談歷史的觀念，不過歷史和地圖又有一項關鍵的差異。地圖的選擇原則基本上是固定的，至少不像歷史變動那麼大；歷史的選擇原則會隨著時代而有很大的不同，可是我們對歷史選擇原則的警覺性偏偏又遠低於地圖。

大家看地圖時，會很清楚那是高度簡化的結果；但很多人在讀歷史敘述時，卻會將任何一個特定的敘述當作是歷史本體、歷史的全部，不會自覺那只是被選擇過後的一種歷史敘述，而且在這種敘述之外，還存在著其他千千百百種不同的敘述。讀歷史時，如果讀到不一樣的敘述，很多人的反應是感到不解，認為其中一定有一個是對的、其他是錯的，不能意識到那往往並不是對錯的差異，而是用了不同的選擇原則，選擇從不同角度看不同的部分所形成的。

於是簡化的歷史愈是容易給人提供單一答案的錯覺。將所有的複雜因素都排除在外，只留下千分之一、萬分之一的事實，當然很容易表現出清清楚楚的模樣，好像那就是歷史。如果能夠包納比較多樣、比較複雜的元素，不要有那麼多刪除整理，其實才能比較接近歷史的全貌。完整的歷史、本體的歷史，絕對不可能那麼乾淨俐落，三言兩語就能說得明明白白，就知道誰是好人誰是壞人，誰做了什麼事所以產生了什麼影響。

歷史就沒有那麼簡單。我們不可能呈現歷史的全貌，然而不能否認的事實是，真實的歷史、本體的歷史大於任何一種歷史的敘述。存在的任何歷史敘述都是選擇後的結果，因而也絕對不能是定論。當你聽到了一種歷史敘述，都應該意識、警覺到還有許多其他敘述的可能性。

我所做的、所寫的，不是要取代過去大家讀過的、知道的中國歷史。那樣是沒有意義的。毋寧是要指出，不同時代會依照不同的選擇原則而寫出不同的歷史，我們應該要去追查那是基於什麼理由所產生的選擇原則，而不是照單全收留下來的歷史敘述。

例如我們現在對於明朝和清朝這兩段歷史的認識，可能受到清末民初時形成的強烈偏見所影響。那是一個排滿革命風起雲湧的時代，而且是一個用革命確實推翻了滿清政權的時代。革命的成功證明滿清政府的脆弱無能，然而革命之後，中國並沒有變得富強壯大，又進一步坐實滿清政府帶來的嚴重禍害。於是從這樣的眼光看去，在歷史上必定一方面格外強調、凸顯滿洲異族與漢人之間的衝突，另一方面又著重刻劃清朝的種種失敗。

04 美化明朝，將清朝視為歷史的錯誤？

清末的革命推翻了滿清，肇建了民國。然而取滿清而代之的中華民國，其實只不過是革命運動諸多動態變化中一項偶然的共同公約數。如果當時革命的勝利不是來得如此突然，如果讓各方勢力有更多一點的時間彼此合縱連横，很明顯地，中華民國不會叫做中華民國，中華民國的第一任臨時大總統也不會是孫中山。

「中華民國」的命名直接來自孫中山，是孫中山力排眾議堅持的。當時主流的話語說的都是

「共和國」，而不是「民國」，所以照理說，這個新的國家應該是「中華共和國」。然而在孫中山的概念裡，在他自創的政治學理中，認為「共和國」指稱的是行代議制的政體，不是民主的極致。民主的極致應該還要超越代議制，走向直接民主，所以在他後來形成的理論中，明確提出了「創制」、「複決」的直接民權辦法。而在千年帝制才剛被推翻時，他就將中國民主的理想設定在建立「民國」，一個直接民權的新國家，比當時存在的西方「共和國」更先進、更美好。

孫中山是個偶然，在時人眼中，他是個放肆說大話的「孫大炮」。他提出的許多理念，包括「民國」所代表的直接民權理想，大部分人聽不懂，當然也就不可能在意。

真正刺激並主導革命的，不會是對於民主共和的熱情嚮往，而是反對滿清的集體仇恨。從一八九五年左右開始，十幾年間從原本的祕密會社行動，擴大為全民情緒動員。民國肇建的過程中，種族主義絕對扮演了比共和理念更重要、更關鍵的角色。

如此強烈的漢人中心情緒，必定影響到對於歷史敘述的選擇。從現實投射，整個滿清王朝特別被選擇出來敘述的，是能夠證明這個王朝應該被推翻、被消滅，即最壞、最黑暗的部分。此時流行的一種歷史觀點是：清朝是一個歷史的錯誤，不應該存在。於是講述清朝建立的過程中，會反覆強調清人入關時的種種殘暴作為，例如「揚州十日」；反覆強調對漢人文化的高壓破壞，例如「留髮不留頭」的薙髮令與文字獄。

相對地，也就必然產生對於明朝的美化。依照這種史觀，既然不應該有清朝，那麼明朝就應該繼續存在，它是被錯誤地取代了。於是「反清復明」的種種主張與行動，不只在歷史上被凸顯，而且視之為正確的、甚至是「正統」的。

到一九七〇年代金庸寫小說《鹿鼎記》，都還是從莊廷鑨「明史案」的文字獄開頭，讓韋小寶出身在揚州，又讓他誤打誤撞進入要「反清復明」的天地會，成為陳永華的徒弟。不過《鹿鼎記》中，韋小寶同時也誤打誤撞和康熙皇帝結為好朋友，還代表康熙前往五台山找出家遁世的順治皇帝，聽到了老皇帝給小皇帝「永不加賦」的統治訓誡。

金庸一部分承襲了原來的歷史偏見，說起清初歷史，就刻劃滿洲人凶殘的一面；但他另一部分也反映了晚近史觀上的調整，清朝不可能都是壞的，將他們說得那麼糟，就無法解釋為什麼這個王朝在關內成功立足、而且存留那麼久的基本史實。

史觀的改變，主要來自強烈的漢族民族主義隨時間淡化了，研究者、敘述者不再帶著那麼濃厚的反感情緒去解讀清朝的史料。另外，也來自對於明朝史料有了更全面的重新認識。

以前講明清之際的歷史，「南明」有獨特的地位，將那些衛護殘存明朝政權的人——從史可法一直到鄭成功——描述為悲劇英雄，凸顯他們的忠君精神，願意為了「正統」而犧牲生命的選擇。但如果不要將「南明」如此獨立來看，而是用一個連貫的觀點，從正德、萬曆年間一路下來，看明朝士人和皇帝皇權之間的關係，尤其以更廣大的歷史眼光，對照宋朝的忠君思想，還有這些明朝士人所讀的儒家經典裡承載的政治信念，我們不得不調整敘述與評斷的方式。

以士人和皇帝的關係來說，明朝從朱元璋建國開始，就走上了一條歧路，和過去中國歷史中的基本模式很不一樣。在統治上，皇帝與士人官員不再是合作關係，而是一個高高在上行使直接指揮權，一個在底下只能奉命行事、聽話執行。

很明顯地，從正德、嘉靖年間之後，明朝失去了有效的皇權首領，也沒有了有效的朝廷統治。環繞著皇帝的權力運作，因為皇帝的無能非為而高度失常。有皇帝荒淫享樂，有皇帝賭氣罷工，有皇帝任性使氣地濫殺大臣，那為什麼明朝還能在這種情況下支撐那麼久？

因為明朝有一個可以自動運作，卻又自我抑制，不會抗議、不會挑戰皇帝權威的官僚體系。所以當權力中心的皇帝失能時，這套系統仍能維持運作，只會循著既有的管道對皇帝提出種種勸戒，卻不可能動搖、改變皇權的風格，更不可能威脅、威逼皇權必須做出調整。

換從這種角度，我們會在明朝的歷史中看出很不一樣的意義。我們看到一套極其古怪的士大夫系統，那是一個被高度洗腦、將忠君信念壓過了所有其他原則的價值系統。

以忠君的標準來衡量，從晚明到「南明」，這些士大夫很了不起，願意為皇帝與皇朝做出那麼多、那麼大的犧牲。但如果以讀書人的知識與思考，或是對於原則、道理的認識與堅持作為標準的話，那麼明朝的這些士大夫就都不及格。面對皇權，他們提不出任何抗衡的原則，當然也就無法保有獨立思考的價值意識。

05「復明」真的是一件值得肯定的事？

放回那樣一種士大夫在思想上被高度同化的環境中，我們更能體會王陽明及其開啟的「陽明學」的重要。在「陽明學」中艱難地保留了一顆真正的讀書種子，在讀書中思考，在讀書中質疑並尋求答案，而不是盲目接受既有的解釋、既有的答案。

從另一面來看，如果依循「陽明學」方式讀書思考的士人更多一點，如果「陽明學」不只是少數人所接受的理學中的一支，而能更擴大其影響範圍，那麼明朝的絕對皇權不可能如此維繫下去。「陽明學」傳到日本，在江戶時代成為武士階層的價值共識，進而成為「武士道」的哲學基礎，後來提供了從「倒幕」到「維新」最主要的社會動能，足可讓我們窺見這套思想所具備的行動潛力。

因而，明朝滅亡之後，仍然有那麼多士人忠於朱家政權，還有不同階層的人參與「復明」，這真的是一件值得正面肯定的事嗎？為什麼過去長期理所當然地以肯定、讚揚的方式敘述這個現象？因為一邊是漢人政權，一邊是滿洲人政權，從民族立場來說，不可以投降外族。

然而這個論理真的那麼堅實嗎？金庸剛開始寫武俠小說，第一部是《書劍恩仇錄》，故事的主軸設定是：原來乾隆皇帝不是滿洲人而是漢人，所以他的兄弟陳家洛帶領的「紅花會」要想辦法讓他反轉立場，從韃子皇帝變回漢人皇帝，那麼「反清復明」的夢想就能實現了。

才不過十幾年後，金庸寫最後一部武俠小說《鹿鼎記》時，他就徹底改變這種種族立場。漢人的「天地會」內在紛爭不斷，滿人的皇帝反而以「永不加賦」照顧人民的政策來鞏固政權。怎能說由漢人建立的王朝必然比滿洲人的來得好？

金庸還寫過《碧血劍》，處理明末大亂的歷史背景，一定要面對流寇也是漢人，而李自成建立的政權如此殘暴不堪的史實。書中金庸以李自成進入北京之後的墮落腐敗來解釋流寇的失敗，但他自己顯然都沒有被這個說法說服。他從袁崇煥之死寫起，就必須寫崇禎皇帝，也寫了這位皇帝自殺之前還要砍殺女兒的狂亂行為，很顯然金庸不得不動搖他原本信守的種族主義立場。

歷史事實是，明朝政權沒有那麼多抽象、高貴的價值建樹值得士大夫效忠。那麼他們效忠什麼？他們效忠於朝廷、效忠於君主，即使這個朝代將近百年沒有出現過像樣的君主，君主沒有成就過幾件像樣的事，士大夫還是保持效忠的態度。而且為了保有在這個政權中的地位，理所當然地和宮中的宦官結合在一起，負責讓國家官僚體制可以維持正常運作。

一邊所有的人都為了皇帝家裡的事而分別派系、彼此傾軋；另一邊的士大夫聯合看顧農民與賦稅基礎，讓國家體制可以繼續存在。在這種狀況下，堅持忠於這個皇朝、這個政權，真的那麼有道理嗎？

過去的歷史將這部分的敘述太過於凸顯，那是出於厭惡滿洲人而做的選擇，我們今天不需要再跟隨這樣的原則，可以換不同原則，看到歷史不一樣的面向。

06 歷史轉捩點：范文程的進取河北之策

西方的漢學家沒有漢人和滿人的民族衝突包袱，他們會看到不一樣的歷史。他們對於明清史的研究，到歐立德（Mark C. Elliott, 1959-）掀起「新清史」[1]爭議前，大致有兩個清楚的脈絡。第一，對於明朝的普遍看法是民間的活力旺盛，城市與商業發展到達驚人的高峰，然而相對地朝廷不再是真正的國家中心，無法領導社會。甚至正因為「官退」，所以會有「民進」的熱鬧現象，在朝廷管不到的地方，爆發了最值得重視與研究的變化。

第二，對於滿清統治的描述，應該建立在他們入關時所要面對的中國政治與社會實況的基礎上。當滿洲人進來時，那並不是一個誘人的中國，可以作為輕鬆且容易享受的戰利品；那不是一筆現成的財富，可以讓他們簡單地以武力占奪。那是流寇肆虐後的中國，那是農業殘破的大地，那是政府機構不只短時間失能，而是長時間荒敗後的瓦解狀態。

所以魏斐德（Frederic Wakeman, Jr. 1937-2006）將他聚焦寫清初歷史的專書命名為《偉業》（*The Great Enterprise*）。清人要留在關內，就必須有決心來處理這個巨大的難題——如何恢復中國的政治與社會秩序，在殘破的條件下重建一個能夠有效統治的政權。從大一點的角度看，這是漢人中心本位立場，也是「驅除韃虜」革命情緒中絕對不願意看到、不願意承認的成就。從小一點的角度、從細節處看，魏斐德要提醒我們，這是遠超過一般想像的大工程。

滿洲人當然有野心，但他們原來的野心絕對不可能大到預期要以這種方式進入中國，在那麼短的時間內統治整個中國。中國的江山是在他們沒有準備好的情況下，突然落在他們頭上的。

關鍵年分是一六四四年，兩件歷史大事同時發生。一件是李自成率領的流寇部隊攻入北京，崇禎皇帝上吊自殺；另一件是滿洲的領袖皇太極在前一年去世，由當時才六歲的第九子福臨接位，隔年改為順治元年。

這一年，崇禎十七年農曆三月十九日，崇禎一朝結束了，大明沒有了皇帝、沒有了首都，明朝的大變亂同時也衝擊到才剛失去領導人的滿清。

在此時刻，發揮特殊決策作用的兩個人，一位是攝政王多爾袞，另一位則是努爾哈赤時代就歸附滿清的漢人范文程。范文程呈給攝政諸王一封上書，其中說：

> 上帝潛為啟佑，此正欲攝政諸王建功立業之會也。竊惟成丕業以垂休萬禩者此時，失機會而貽悔將來者亦此時。何以言之？中原百姓蹇罹喪亂，荼苦已極，黔首無依，思擇令主，以圖

1 二〇一六年五月，美國漢學家歐立德應中央研究院歷史語言研究所之邀來臺演講的講座中，他提到「新清史」的三大特點為：大清統治的內亞特質（Inner Asian dimensions of Qing rule）、滿語和非漢語資料的運用（Use of non-Chinese language sources），以及世界史與比較史的視角（Comparative world historical context）。

樂業。雖間有一二嬰城負固者，不過自為身家計，非為君效死也。是則明之受病種種，已不可治，河北一帶，定屬他人，其土地人民，不患不得，患得而不為我有耳。……（《清世祖章皇帝實錄．卷四》）

這段話有幾個重點：首先，他明確地判斷這個政權已徹底完蛋，至少黃河以北地區絕對不可能維持得住。其次，雖然滿清本身在皇帝年幼且剛接位的情況中，但諸位攝政大臣，尤其是主導的多爾袞，應該將此事視為上天給予建立功業的大好機會，如果現在不把握，將來想起來一定會後悔。可以一舉占領明朝的北方領土，一下子將滿清的疆域擴張好幾倍，可以不把握嗎？將來看到其他人占住了這塊明明可以屬於滿清的土地，你心裡能安嗎？

……我國雖與明爭天下，實與流寇角也。為今日計，我當任賢以撫眾，使近悅遠來，蠢茲流孽，亦將進而臣屬於我。彼明之君，知我規模非復往昔，言歸於好，亦未可知。儻不此之務，是徒勞我國之力，反為流寇驅民也。夫舉已成之局而置之，後乃與流寇爭，非長策矣。……

這是關鍵的策略思考。滿清起兵時對抗的是明朝，但新的局勢需要快速調整，轉而想辦法對付流寇。打明朝和打流寇的方法很不一樣，要盡量安定民心、照顧流民，將這些尚無嚴密組織的勢力收納進來，以壯大自己。等到流寇勢力都收進來，黃河以北也占有了，明朝看我們的實力今非昔比，也就不會再那樣壓迫我們，可以和平相處。如果現在不調整，還是採取原本的軍事行動，人民紛紛痛苦走避，換成流寇勢力愈來愈大。自己將流寇的勢力弄大，等對付完明朝又要對付流寇，這可不是什麼好主意。

曩者棄遵化、屠永平，兩經深入而返，彼地官民，必以我為無大志，縱來歸附，未必撫恤，因懷攜貳，蓋有之矣。然而有已服者，有未服宜撫者，是當申嚴紀律，秋毫勿犯，復宣諭以昔日不守內地之由，及今進取中原之意。而官仍其職，民復其業，錄其賢能，恤其無告，將見密邇者綏輯，遐聽者風聲，自翕然而向順矣。夫如是，則大河以北，可傳檄而定也。……

再對照過去曾有的錯誤，兩度深入明朝的領域，卻又在屠掠之後退走。如此給當地人民很壞的感受，不可能選擇依附我們。依附滿清卻不能得到保護，明朝的軍隊與政府一旦重建，他們當然就倒楣了。所以現在要做的是嚴整軍律，並且明白昭告：以前我們沒打算進軍中原，但現在因流寇之故，我們要來提供人民基本秩序與生計的保障，讓一切盡快平靜。這樣那些受流寇所苦、或擔心被流寇侵擾，又得不到明朝保護的地方，必定會選擇投靠滿清，而且不論官民，生活一概沒什麼大變動，何樂不為？

這是真正的歷史轉捩點。在此之前，滿清軍隊多次進入關內，有時還深入頗遠，但終究都撤退了。從此之後，多爾袞決定採納范文程的建議，進取中原，留著不走了。軍隊所到之處，不是要攻打明朝，而是進行安撫，讓人民得以恢復生產，維持原有的生活。

范文程的奏章繼續說：

河北一定，可令各城官吏，移其妻子，避患於我軍，因以為質；又拔其德譽素著者，置之班行，俾各朝夕獻納，以資輔翼。王於眾論中，擇善酌行，則聞見可廣，而政事有時措之宜矣。……

在安定河北的過程中，可將明朝官員的家人遷入軍中，一方面避難，一方面當作人質。再選拔官員中比較優秀的，納入滿清朝廷裡，讓他們提各種意見，如此可以快速蒐集關於明朝的情報，更容易做出進取與統治的決策。

此行或直趨燕京，或相機攻取，要當於入邊之後，山海長城以西，擇一堅城，頓兵而守，以為門戶，我師往來，斯為甚便。惟攝政諸王察之。

當然在此時，范文程的想像力再豐富，都不可能預期要占領整個中國。他的策略乃著眼於取得黃河以北的地區，所以建議要保持彈性，等入關後，先在山海關以西找一個適當的地點建為基地，視情勢起伏，再決定要不要進軍北京。

范文程的基本立場是從自己的經驗指出了滿清過去的錯誤——猶豫不決。一方面不服明朝，另一方面卻不知道該和明朝對立到什麼程度，又該用什麼方式破壞明朝。

范文程提出了因應流寇因素之後的新策略，要求多爾袞不要再像以前一樣搖擺不定，而是明確地以平定秩序、安撫官民為目標，進取占領河北。從流寇手中，而不是從明朝那裡，將當前亂成一團的河北收為己有，再以此為新的籌碼，改變與明朝互動、談判的情勢。

范文程是漢人，所以特別強調占領河北地區後，要廣納漢人官員，從他們那裡獲得情資，並聽取他們的建議。他的漢人身分使得這樣的主張具有更高的說服力，說動了多爾袞決定入關。

07 洪承疇的入關戰略，漢人扮演南征門面

入關過程中出現了吳三桂的因素。他負責帶兵鎮守寧遠，專門防堵滿洲軍。原本接獲命令馳赴北京勤王，然而還來不及行動，北京順天府就陷落在李自成手中。李自成部隊抓住了吳三桂的父親吳襄，要吳三桂投降，他拒絕了，轉而投降滿清，引清兵入關對付流寇。

在反清朝的史觀態度下，先入為主認定造成明朝滅亡的便是罪人，因而吳三桂被打入歷史上少有的壞蛋之列。若用這種方式看，歷史變化的一些環節就失落了，例如忽略了范文程的歷史角色。范文程在清軍陣營中具有相當地位，吳三桂和滿清之間的聯繫談判，取決於范文程的意見。

《欽定國史大臣傳．范文程傳》中記載：

> 文程從師渡遼河，明山海關總兵吳三桂以闖賊陷北京來乞師。文程曰：「自闖寇猖狂，中原塗炭，近且傾覆京師，戕厥君后，此必討之賊也。我國家上下同心，兵甲選練，誠聲罪以臨之，恤其士夫，拯厥黎庶，兵以義動，何功不成乎？」

范文程的態度很清楚，如果要討伐李自成，用滿清的軍隊去對付，實力上綽綽有餘，此時又能得到幫助明朝政府、拯救百姓黎民的高度正當性，那麼好的建立功業的機會，為什麼不做？范文程的角色與立場前後一致，他是貫串滿洲勢力從關外到關內的穩定因素。

入關驅逐了流寇，滿清朝廷從盛京（今遼寧瀋陽）遷入北京，接著展開南征。南征大軍的骨幹是滿洲八旗，而表面上放在最前方領軍的是四個漢人——吳三桂、尚可喜、耿仲明、孔有德。吳三桂是帶兵投降滿清的要角，那其他三人呢？他們是毛文龍的舊部，和吳三桂的身分其實並不對等，甚至過去在明朝是介於官軍與強盜間的曖昧角色。吳三桂和這幾人放在一起，心中不可能沒有芥蒂，這是後來「三藩」陣營無法真正團結抗清的一項遠因。

滿清的政策是藉由漢人出面，以便維持入關的合法性。雖然建立了自己的朝廷，然而在中原，他們的作用仍然是協助明朝收拾秩序。剛開始，他們刻意表現對漢人的尊重，將漢人放在明顯可見的位子上。

為滿清扮演漢人門面的另一個人物是洪承疇，他被視為和吳三桂同樣等級的大奸臣。依照定義，投降了滿清，等於背叛明朝，當然就是漢奸。不過一來，大部分如此歷史留名的「奸臣」，都有他們聰明的地方或過人的能力，要不然也不會得到對方政權的重視、重用；二來，並不是所有的「奸臣」在歷史上的作用都是負面的。

洪承疇在滿清入關過程中也有重要的功能。清軍起程入關前的第一項重要策略，就是洪承疇擬定的。他說：

> 我兵之強天下無敵，將帥同心，步伍整肅，流寇可一戰而除，宇內可計日而定矣。今宜先遣官宣布王令，示以此行特掃除亂逆，期於滅賊，有抗拒者必加誅戮，不屠人民，不焚廬舍，不掠財物之意。仍布告各府州縣，有開門歸降者官則加升，軍民秋毫無犯；若抗拒不服者，城下之日官吏誅，百姓仍予安全。有首倡內應立大功者，則破格封賞。法在必行，此要務也。……（《清世祖章皇帝實錄．卷四》）

一定要注意建立法令秩序，確立入關的目的，盡量招降，凸顯降與不降之間的截然待遇差異。還有，一定要安定百姓，讓他們不只接受，甚至歡迎清軍。

> 況流寇初起時遇弱則戰，遇強則遁。今得京城，財足志驕，已無固志，一旦聞我軍至，必焚其宮殿府庫，遁而西行。賊之騾馬不下三十餘萬，晝夜兼程可二三百里，及我兵抵京，賊已遠去，財物悉空，逆惡不得除，士卒無所獲，亦大可惜也。今宜計道里，限時日，輜重在後，精兵在前，出其不意，從薊州、密雲近京處疾行而前，賊走則即行追剿，儻仍坐據京城以拒我，則伐之更易。……

接著是重要的判斷。流寇並沒有堅強的組織，不能打硬仗，尤其攻入京城後，吃到了甜頭，得到了空前的享受，他們就更沒有意志要冒著生命危險戰鬥。所以聽到清軍逼近的消息，一定選擇收攏財物，棄城而走。他們的騾馬總數高達三十多萬，一個晝夜可以走兩、三百里，要是讓他們就這樣洗劫京城離去，太可惜了。

所以得派行動快速的精兵部隊先趕過去，準備好突襲出城的流寇。他們如果逃走，就會遇到追擊；他們如果留在城內防守，我們的部隊也有充分實力能將之擊敗。

> 如此庶逆賊撲滅，而神人之怒可回，更收其財畜以賞士卒，殊有益也。初明之守邊者，兵弱馬疲，猶可輕入；今恐賊遣精銳，伏於山谷狹處，以步兵扼路。我國騎兵不能履險，宜於騎

兵內選作步兵，從高處覘其埋伏，俾步兵在前，騎兵在後，比及入邊，則步兵皆騎兵也，孰能禦之？

將流寇想要帶走的財物攔截下來，最好賞賜給士兵，鼓舞士氣。而對付流寇，和對付明朝守邊的部隊有一項關鍵差異，就是不要輕率深入。尤其清軍以騎兵為主，機動性高，卻容易被對方藉著地形之便，埋伏步兵夾擊。所以作戰方式必須因應調整，減少騎兵、增加步兵。

也就是採取步、騎分工的戰術，騎兵趕去追擊敵人，步兵則穩健地防止遭到伏襲。等到確定沒有安全顧慮時，再將步兵還原為騎兵。

08 流寇送來的機會與多爾袞的舉措

現實上，清軍的行動的確讓流寇措手不及，連燒毀宮殿要撤離時，都沒有足夠時間劫掠財物、裹脅人民，而且一出城沒有多遠，就遭到清軍的襲擊。

這場遭遇襲擊很重要，降低了李自成勢力流竄到其他地方休養並壯大的機率，也對北京臣民產生了正面的心理影響。流寇進城給北京帶來了極大的騷擾破壞，讓天子腳下的臣民痛苦不堪，然而清軍迫近就讓流寇離境，甚至現世報般還沒走遠就遭到痛擊，對他們來說，當然是大快人心的變化發展。

一六四四年農曆四月十三日，多爾衮帶領軍隊渡過遼河，才半個多月，五月初二，清軍就進入北京城。而且依照清朝史料，多爾衮是在原明朝文武大臣的迎接下步入武英殿的。

宮城內到處被流寇放火焚燒，只有武英殿保存得比較完整。多爾衮在此重申，嚴禁清軍進入民家騷擾百姓。接著讓願意歸順的官吏都得到品秩上的升等。再來宣布軍民都不用遷徙，可以安心留在原地，只要各地官員帶著管轄範圍內的錢糧、兵馬等資料入京來。不過要是有人不行動，想要拖延觀望，那就一定會被征討。皇室朱家後裔來歸順的，可以繼續享有爵位。軍人可以自由選擇離開軍隊回鄉歸農。

進城第三天，多爾衮又下令官吏軍民為明帝發喪，且以帝禮下葬。這又是范文程的意見，表示和明朝臣民同感悲哀。第五天，開始讓前明的內閣部院大臣和滿清的官員同署辦公，從此建為慣例。

崇禎皇帝死後，先是有人將田貴妃的墓掘開，將皇帝的屍體放進去，但並沒有正式的葬禮。於是這時按帝王儀節重新來過，一併也將崇禎的皇后周氏、妃子袁氏，以及熹宗的張皇后、神宗的劉妃都以禮葬之，還安排了守護帝陵的人。

流寇送給滿清特別的機會，讓他們有充分理由入關，以武力肅清內亂，並且表現出對明朝皇室的尊重，藉此贏取民心。不過入關時日久了，這個理由的效力會逐漸淡薄。好像是幫人家解決了問題，然後就打算賴在人家家裡不走了，原本的感謝之情當然會隨之變質。

不過對滿清來說何其幸運，此時又有太子失蹤的事件，提供了另外的機會。

09 崇禎太子案及南明的結構性缺點

崇禎皇帝自殺後，按理說皇位應該由太子繼承，可是混亂之中太子下落不明，甚至生死未卜。如果活著，明朝就有新皇帝；如果確定死了，明朝也可以循體制再選一個皇帝。但偏偏太子生死不明，於是這兩種繼承狀況都不適用。

以馬士英為首的一群大臣擁立了弘光皇帝。弘光皇帝的父親是福王朱常洵，朱常洵的母親是鄭貴妃，正是先前造成萬曆朝士大夫與皇帝齟齬、再造成士大夫分派傾軋的核心人物。回溯這段歷史，很顯然地，在許多士人心中弘光皇帝不具備合法身分。更根本的問題在於，明朝朱家的皇權長久敗壞，又受此巨大打擊，要復原太困難了。

滿清政權入北京沒多久，有人告密說找到了崇禎的太子。這對滿清來說極度棘手。他們可以堆給崇禎皇帝許多的榮崇尊敬，反正他不會回來干預變局。太子卻不一樣，如果真的找到太子，依照滿清此時為拉攏民心而擺出的姿態，理應將政權交還給太子，重新扶立明朝。

又是范文程當機立斷做了決定，宣布找到的太子是假的，立即將假太子殺了。這當然不是范文程掌握了什麼證據，能夠判斷太子身分真假，而是從政權利益上考量，不容許有一位太子跑出來攪局，趕緊除掉為妙。

奇妙的是，北京這邊殺了一個假太子，在南京那邊又冒出另一個崇禎太子。這造成了比北京更嚴重的政治危機，如果證明太子還活著，弘光憑什麼繼續當皇帝？馬士英等人也判斷這名太子是假的，將他關押起來。

這其實是明朝皇權敗壞、歹戲拖棚的延續。士大夫捲入皇帝的家務事，而且愈捲愈深，以至於皇室的糾紛都會放大而引發外朝政爭。以常理論，會覺得明朝已經明確危在旦夕了，怎麼還有餘裕可以內鬥？然而明朝朝廷就真的已經超越常理，結構性的缺點使得弘光朝還是大鬥特鬥，很快就鬥失了南京根據地。

後來的歷史將「南明」當成正統，然而回到歷史現場，當時就連留在北京的許多明朝官員都不承認南方這位皇帝，更遑論南方這個朝廷。對這些人來說是痛苦的選擇，外來的政權和遠在南方由福王兒子登基的政權，哪一個比較值得認同？之所以痛苦，因為沒有必然的答案。

南方的政權雖然姓朱，但那位皇帝不是由太子升任的，也沒有經過任何合乎禮儀的程序選出。更麻煩的是，那位皇帝及其朝廷，是清楚地掌握在不同、甚至敵對的派系手中，相較之下，滿清朝廷至少還給漢人官員占住位子的機會。

所以不像北宋滅亡時，大部分官員都認同趙構在南方建立的新政權，也有很大一部分人隨著南遷繼續奉獻心力。「南明」政權在吸引人心上，甚至很快就顯示出還不如剛入關的滿清。

多爾袞及其身邊的策士很快理解了這個情況，於是沒有長期停留在北京，隔年便發兵南征。

10 八旗的自給自足型態與土地圈畫

表面上看起來是矛盾的，滿清一方面遵奉明朝大行皇帝，另一方面卻發兵追擊他的子孫。促使滿清做出這樣決定的，主要是南方政權合法性不足。不只是南方政權合法性不足，就連原本存在的北京政權也早已將自身的合法性破壞得差不多，提供新進來的滿洲人很大的發揮空間。

滿洲人在農曆五月二日入北京城，立即下令自五月朔日，也就是回溯到五月一日算起，將明朝原有的雜苛加派賦稅一概免除。而且完全依照明朝的會計簿錄所載，將這一年的稅賦本額也減免三分之一。

這是具體與民休息的做法。在這裡發揮作用的又是范文程，他扮演了類似楚漢相爭時蕭何的角色，不斷地提醒對漢人不熟悉也沒有感情的滿洲人，如何從鞏固政權的考量上爭取民心，並且注意將與統治相關的簿籍都盡快收納進來。

當時的簿錄因為後來的種種加派，弄得資料繁亂，又在戰火及禍難中多所散失。范文程又做了一項重要決定，索性放棄萬曆以後的資料，一切推回到萬曆年間，以追派開始之前為賦稅根據。如此一方面精省行政手續，另一方面讓人民感覺重回比較美好、比較輕鬆的舊日子，更願意支持新政權。

新政權、新朝廷為什麼能夠如此大幅減稅？因為他們是以「八旗」為軍事與社會組織的核心，進入中原後，八旗並沒有改變其自給自足的型態。也就是朝廷不需要耗費大筆稅收，用在養軍隊和養高官貴族上。

回到那個時代，兩件事彼此相關纏捲在一起。一件是減免農民的負擔，另一件就是「圈地」。滿洲八旗軍隊及高官貴族的收入都不是由朝廷派發的，而是來自他們所分配到的土地。

順治朝的重大政策就是圈畫土地供八旗資用，這引發了朝廷上的討論。剛入關時，多爾袞就下令要求調查京畿附近的「無主之地」，要將這些土地交給八旗使用。不過當時的漢人大臣、順天巡按柳寅東就上奏提醒：「無主之地與有主之地犬牙相錯」(《清世祖章皇帝實錄．卷十二》)，如果這樣做，也就是讓滿人和漢人雜居在一起，如此不只土地利用會出問題，還必定衍生出種族間的紛擾。

那麼預防未然，比較好的方式還是將滿人和漢人的居住地分隔開來，實際辦法是在州縣中照比例畫出一塊滿人特區，拿特區外的無主地來換特區內原本的有主地，如此漢人都出去，滿人都進來，各自的田地與房舍共聚一起。

柳寅東主張，如此做的第一項好處是漢人耕種、滿人放牧，互不侵犯還可以互相協助。第二項好處是滿人、漢人有清楚的疆界，不會隨便互相侵奪。第三項好處是漢人、滿人各有官吏，各有辦事機構，不會互相干涉或卸責，漢官不用管滿人，滿官也不用管漢人。第四項好處是漢人可以保業安生，維持農耕，也就會按時、按規定納糧服役。第五項好處是有主的土地歸併了，無主的土地也可以徹底整理發覺，不會隱匿。

從道理上看，這辦法好處甚多，但真正落實到施行上，就不是這麼一回事了。如何圈地、如何換地，都牽涉到複雜的程序，也就有很多讓人上下其手、容易引發弊案的空間。

11 圈地、逃人：確定滿漢分立的原則

與「圈地」相關的另一個現象是「逃人」。滿洲八旗是軍事單位，有行之已久的軍俘制度，戰爭或行軍中捕獲的敵人就成了奴隸。而這種實質為奴隸的軍俘如果逃跑了，按照傳統規範，其

他滿人不得藏匿，藏匿就等於侵奪了別人的財產。

然而入關之後，所獲漢人軍俘既多，相對逃亡的情況也愈來愈嚴重。為了解決並防範問題，於是訂定了愈來愈嚴格的法令。到後來嚴格到要求各戶有捉拿逃人的責任，如果在自家環境中被發現了逃人蹤跡，必須對逃人所屬的家戶擔負賠償。

這項辦法後來又進一步演變成滿人敲詐漢人富豪的手段。配合當地無賴，故意將逃人放入富豪家中，一旦被找到抓到，逃人所屬的滿洲八旗舊主就可以獅子大開口地要求高額賠償。

到了順治十二年，逃人的問題愈發嚴重，嚴懲「匿逃人者」的法令弊端也愈來愈嚴重，大臣李裀便上了一個奏章專門討論這件事，舉出了「七痛心」。他想到一個斷絕相關惡狀的方法：既然一切源自逃人，那就從嚇阻、杜絕逃人下猛藥，規定只要有逃人被發現了，就當場處死。這樣也就不可能再有人敢假冒逃人，配合來栽贓或威脅了。

《清史稿．李裀傳》說，李裀的奏疏送到王大臣會議中，但討論的重點不是要不要接受他的建議，而是該如何懲罰他。王大臣們上給皇帝的意見是：依照律法，李裀說這些話沒有犯法之處，但他誇張地以「七痛心」來詆毀朝廷實施的政策，也太可惡了，所以應該「論死」。

批評到逃人的問題，竟然引來那麼強烈的反感，可見這件事真的是滿清貴冑的痛腳。順治皇帝沒有接受「論死」的嚴懲，要求再議。再議之後，死罪可免、活罪難逃，改為「杖徙寧古塔」，狠打一頓後流放。皇帝再開恩，免了杖責，直接流放到寧古塔去。那麼遠、那麼艱難的環境通常有去無回，果然流徙的第二年李裀就死了。實質上還是死於上奏帶來的嚴重後果。

「圈地」和「逃人」的問題連結在一起，造成了滿、漢間的高度緊張衝突。這不是滿洲人入關後胡作非為的暴政，而是他們為了維持政權基礎不得不付出的代價。八旗的武力是政權不可或缺的依恃，同時也要靠八旗擁有獨立的財源，滿清朝廷才有辦法在剛入關時採取減免稅賦、與民休息等舉措，儘速讓民間生產秩序得以恢復。

入關之初，至少在順治朝，明朝原有的官僚體制保留了下來，那如何解決拖垮明朝的財政問題呢？最直接、最有效的辦法就是減省軍費：流寇平定了不必再花軍費，滿洲關外不需要再派重兵看守，而且連八旗都不需要朝廷給錢，能夠藉圈地得來的土地利益自給自足。

「圈地」與「逃人」問題在清初歷史上還有另一項重要作用——確定了滿漢分立的原則。柳寅東的奏疏無疑探觸到滿清政權的大困惑：要如何從他們的種族經驗中，提煉可用於處理現實的智慧？

滿清一度自稱「金」，對於女真民族有強烈認同。「後金」對照「前金」，看到的是歷史上金朝如何因為過度漢化，導致國力衰微而被蒙古人趕出中原，一度顛沛流離，幾乎失去落腳之地。基於此，他們對於和漢人互動存有疑慮，滿漢分立的原則相當程度上緩和了他們的緊張。

在中原執行滿漢分立，在滿洲就更是如此，延伸為嚴格管控漢人移入滿洲，盡量保持滿洲為滿洲人的滿洲，作為退路。在沒有後顧之憂的情況下，加強了在關內統治的信心與把握。這兩項政策貫串整個清朝，一直都有很大的影響。

12 順治朝成就：短時間內得以立足中原

真正帶領滿清入關的多爾袞在順治七年去世，剛去世時被尊奉為「義皇帝」，等於承認他是界於皇太極與順治皇帝間的另一位皇帝。一度清朝正式的系譜是太宗皇太極之後，有成宗多爾袞，然後才是世祖福臨。現在我們不會看到這種系譜，因為多爾袞下葬之後，鄭親王濟爾哈朗出面指控其罪狀，如「獨擅威權」、「僭擬至尊」，並曾迫害肅親王（順治長兄豪格）等，請求「重加處治」（《清史稿．諸王列傳四》）。

濟爾哈朗原本是皇太極去世時選任的攝政王之一，地位和多爾袞平行，然而到了順治四年，多爾袞運用他所掌握的政治實權排擠濟爾哈朗，將濟爾哈朗的攝政王頭銜給了自己的親弟弟多鐸。濟爾哈朗當然懷恨在心，在多爾袞死後他得以報復，利用的是多爾袞親善漢人、任用漢人，在滿清貴冑間早就引發的疑慮和反感。

范文程、洪承疇，到後來的吳三桂，這些人都環繞在多爾袞身邊。濟爾哈朗清算多爾袞，一部分的用意也是要阻擋漢人的勢力。不過，他雖然成功動員了其他滿清貴族的力量，取消了多爾袞死後追封的皇帝地位，但此時漢人在滿清朝廷的人數已經多到不可能進行集體整肅、驅趕的程度。更關鍵的是，滿清此時墊高了入關的野心，確立了要繼續南征的目標，那可少不了更多漢人的支持與協助。

順治朝最主要的成就，是讓滿清得以在很短的時間內立足中原，拉開了和「南明」的實力差距，也成功防止了任何地方割據勢力的出現，讓流寇動亂之後的中國得以重返一統秩序。

史學家孟森評斷順治皇帝時，特別提到兩項缺點。第一是溺佛。順治皇帝篤信佛教，常常因而影響了朝政的推動，後來甚至留下未死出家的野史傳說。不過他的信仰維持在個人層次，沒有耗費國家、人民的資源去布施或大建佛寺。第二個缺點則聯繫到野史中關於董鄂妃的種種傳說，那是皇帝寵妾，過不了女人與感情這一關。不過同樣地，他的感情也維持在個人層次，並沒有因為寵妾而發生後宮干政的事。

順治皇帝去世時才二十四歲，沒有時間讓他做出更大的建樹，也沒有時間犯下更嚴重的錯誤。清朝真正的統治模式，要留待他的兒子康熙皇帝來創設定案。

第二講

康熙：統治合法性的確立

01 順治的罪己遺詔透露了什麼訊息？

清世祖順治皇帝在位十七年多，順治十八年農曆開年正月初七駕崩。去世時宣布了一份遺詔，裡面一共提到十四件事，每一件都是自我檢討。

這是中國歷史上沒有見過的，一位皇帝如此嚴格待己，並且認真看待皇帝職務，去世前還進行了全面的整理，提示後繼者必須努力去解決的眾多問題。這也充分反映出滿清入關之初帶有高度憂患意識、戰戰兢兢建立統治的態度。

順治等於是下詔罪己，據《清世祖章皇帝實錄．卷一百四十四》記載，他反省自己的第二條缺失是「子道不終」，沒有機會對父親皇太極盡孝；第三條相關連的是「永違皇太后膝下」。將這兩條放在前面，凸顯孝道的重要性，既有世系名分的講究，也呼應了漢人的倫常信念。

最前面第一條是反省自己「不能仰法太祖、太宗謨烈」，且「漸習漢俗，於淳樸舊制，日有更張」，認為對於原有的族群文化認同和保護不夠。後面幾條也都明白地向滿洲族人發言。如第四條是「諸王貝勒，友愛之道未周」，不夠照顧自己愛新覺羅氏的宗親們；第五條關心的範圍擴大，「滿洲諸臣，不能信任」、「部院印信，間亦令漢官掌管」，滿漢分立的原則在實行上太朝向漢官那邊傾斜，讓滿人大臣難以施展才能，也將過多的權力轉到漢人大臣手中。

皇帝對滿洲世冑、大臣們致歉，表示疏忽了大家，同時告誡下一任皇帝應該修正這樣的行為。表面拉攏的話說完後，再來的反省內容是「見賢而不能舉，見不肖而不能退」，這其實和區別滿漢，要給予滿人較大親信權力的檢討是有衝突的。如果真要以「賢」和「不肖」來決定「舉」、「退」，那就應該不論滿漢，降低甚至去除種族顧慮才對。這是對當時政治內在緊張曖昧的精確反映。

再下來他指責自己，如「無益之地，糜費甚多」、「常圖安逸，燕處深宮」、「自恃聰明，不能聽納」、「既知有過，未能省改」，這是一般性質的過錯。而在第十、第十一這兩條，他才說到很明確的事。第十條是關於董鄂妃死後追諡為端敬皇后，「追念賢淑，喪祭典禮，過從優厚」，她去世時順治皇帝極度傷悲，因而葬禮格外隆重，逾越了應有的禮法制度。

第十一件過失是關於在宮中成立了「十三衙門」，都是由宦官主持的，變得和明朝重用宦官、發生「營私作弊」的情況一樣，恐重蹈前朝已經證明錯誤導致敗亡的覆轍。

正是這兩條，讓我們懷疑這份遺詔應該不是順治皇帝自己留的。因為董鄂妃過世這件事在他生前至為敏感，他從來不提，也絕對不願意讓任何人提起。另外，他在宮中很信賴宦官，野史說一直到去世前五天，他還命令宦官吳良輔代替自己到憫忠寺剃髮出家。

遺詔中出現這兩條，看起來甚至是為了這兩條的政治作用，才製造了這麼一份遺詔。會提到董鄂妃，顯然應和了皇后的立場；而提到「十三衙門」，說「與明無異」，也就等於是整肅宦官的命令。

果然順治皇帝一死，「十三衙門」就被裁廢，當初倡議的吳良輔也被殺了。《清史稿》留有矛盾的兩種說法，一是康熙即位就「誅有罪內監吳良輔」（〈聖祖本紀一〉），另一是順治十五年「吳良輔以受賄伏誅」（〈世祖本紀二〉），顯然前者才是事實，後者是一度為了掩飾順治重用宦官而「為賢者諱」的說法。

02 少年康熙親政前的朝中形勢

不過這份遺詔的影響力遠超過立即的政治作用，最主要是奠定了一種「皇帝規範」，要求當皇帝的人要在精神上隨時自我警惕。另外也點出，警惕的一個重點始終是滿漢關係。

順治皇帝去世時，滿清朝廷在滿漢問題上隱隱然快要爆發表面衝突。從多爾袞掌權到順治親政，大量漢人入朝並獲得重用，看在滿人眼中愈來愈不是滋味。為了取得普遍安撫滿洲貴冑的效果，選任為當時八歲的小皇帝康熙擔任輔政的，分別是索尼、蘇克薩哈、遏必隆和鰲拜。這四人沒有一個是愛新覺羅家的。這和順治即位時的情況明顯形成對比，那時候封任的「攝政王」都是皇帝家的親戚。

如此訊息很清楚：滿清皇室絕對沒有因為眾多漢人入朝，就忽視滿洲世臣。親疏有別，滿清政權真正的基礎還是建立在這些世臣的支持上，所以在此關鍵時刻，便將實質大權交由具代表性的四位世臣來掌管、執行。

順治皇帝到康熙皇帝，連續兩位都是沖齡即位，皇帝年紀那麼小，無法實際承擔職務，必定造成政權的危機狀態。康熙八歲即位，很明顯地，到可以親政的年紀還有好幾年時間。在這幾年中，政治上最大的變化就是輔政大臣排名順序的更動。

索尼是原本的輔政首臣，在康熙六年去世，鰲拜於是逮住機會將自己抬舉上去，填補索尼留下來的位子。遏必隆是個沉默不善表達、也不善交際建立關係的人，蘇克薩哈也找不出對抗鰲拜的方法，只好眼睜睜看著他竄升到第一位。

在此之前，鰲拜就恃功而十分專橫。康熙五年，他執意將自己所屬的鑲黃旗和蘇克薩哈所屬的正白旗進行土地交換，實質上是要奪取正白旗已經擁有的土地，來補充、調換鑲黃旗比較貧瘠歉收的土地，然後准許正白旗再去圈地作為補償。

順治朝時，圈地的擾民作用已經構成滿漢關係上最敏感的一環，此刻要再進行圈地，引來了相關單位如戶部尚書、直隸總督和巡撫的明白反對。鰲拜當然知道這件事的政治意涵，他藉機擴大事端，主張要懲辦反對讓正白旗圈地的官員，逼蘇克薩哈表態。

蘇克薩哈兩面為難。如果要求寬諒這幾個人，那就得讓正白旗蒙受莫大損失，只能吞下鑲黃旗那邊換來的貧地；可是如果堅持圈地，又變成朝中政治風暴的麻煩製造者。蘇克薩哈沒有足夠的智慧與手腕處理這樣的危機，只能坐視鰲拜藉機將此案無限上綱，結果戶部尚書蘇納海等人被矯詔處死。

到了康熙六年三月，年邁的索尼奏請皇帝親政，六月索尼去世，七月初七日康熙行親政禮，隨後蘇克薩哈便「奏乞守先帝陵寢」（《清史稿．蘇克薩哈傳》），也就是要求撤銷輔政大臣之職。這當然直接影響到鰲拜的權力地位，表示他也應該歸政皇帝，於是鰲拜備好奏章，羅列了蘇克薩哈二十四條罪狀，上呈給皇帝。

鰲拜預期皇帝會和以往一樣照樣蓋章通行，然而當時十四歲的康熙皇帝表明不同意。《清史稿．蘇克薩哈傳》上說「鰲拜攘臂上前，強奏累日」，鰲拜不只對皇帝大小聲，甚至一副要衝上去揍他的模樣。這是鰲拜的權力最高峰，也是他最跋扈的時候。

03 鰲拜的權力根源與平南王的歸老效應

這件事發生在康熙六年，皇帝明確表現出不會都同意鰲拜的態度。雖然鰲拜還是絞殺了蘇克薩哈，達到重挫正白旗的目標，但顯然康熙皇帝已經對「親政」有了實質的準備。

等到康熙八年五月，從政治上看極為奇特的事發生了，十六歲的皇帝發動了宮廷政變，他訓練、主使一批少年摔跤好手，在鰲拜進宮時出其不意地予以逮捕，接著發動大整肅、大改造，將鰲拜的勢力肅清，皇帝才得以真正掌握實權。

康熙在和鰲拜相處的後期，必定經歷過許多掙扎，也先進行過許多思索、安排，才決定訴諸這種非常手段，去除鰲拜的勢力。反思檢討，鰲拜如何能取得這麼大的權力，甚至敢於眼中沒有皇帝？除了皇帝年紀小這個因素之外，更重要的，是順治的罪己遺詔中交代要優遇、重用滿洲世臣，鰲拜就藉由統合滿洲世臣來掌控朝廷。

如此成長過程，使得康熙皇帝無法那麼信任滿洲世臣。他親政之後，最為講究的一件事就是「經筵」、「日講」——找道學老師替皇帝講課，講的都是中國傳統經史內容。

「經筵」、「日講」當然不是滿人創設的，而是從漢人王朝那裡承襲下來的。但明朝的皇帝幾乎都不當一回事，萬曆朝之後，從太子到皇帝，都沒有依循宮中的教育制度進行。然而康熙皇帝在親政之後對於「經筵」、「日講」的重視，給朝廷官員——尤其是漢人官員——留下了深刻的印象。

《清史稿．聖祖本紀一》記載，康熙十二年五月，當時負責經筵的講官傅達禮等領銜上奏，表示夏天要到了，天氣炎熱，經筵應該暫停放暑假。皇帝的回覆卻是：學問之道最好不要間斷，讓我們維持原狀，持續上課吧！

這件事真正的肇因其實不是「夏至」，而是當時國政繁忙，大臣們認為皇帝應該無心上課，體恤皇帝的狀態，以季節為由給彼此下臺階。

清朝入主中原之後，吳三桂、尚可喜、耿仲明被封在西南和東南地區，稱為「三藩」。這是滿洲人起源地的對角，最遙遠的地方，也是他們最沒有把握可以統治的區域，所以交給這三位在王朝一統時有功勞的漢人。不過既然天高皇帝遠，這三個王——尤其是吳三桂——也就認真地當起一方之霸，不斷擴充自我的實力。

吳三桂封為「平西王」，鎮守滇蜀，他曾經多次用兵，一次攻打廣西的隴納山蠻，另一次攻打貴州的水西土司和烏撒土司。這些邊遠土著部落很明顯根本威脅不到大清帝國，其用兵的動機毋寧是為了維持自身控有的兵力。

康熙十二年三月，同列為「三藩」之一的尚可喜請求「歸老遼東」（《清聖祖文皇帝實錄．卷四十一》）。他確實出生、成長於遼東，投入毛文龍部，然後再歸降滿清，這時候他也確實「老」了，已將近七十歲。

然而此一請求在朝廷引發了兩項關切點。第一是「遼東」，這裡被視為滿人的根源地、清朝的退路，這樣一個曾握有地方兵權的漢人去到遼東，不可能沒有一定的影響力，會讓滿洲貴冑不安。第二是「平南王」這個位子，當時是為了酬勞尚可喜的軍功而封的，他回遼東後當然不可能繼續當「平南王」，這王位該如何處理？

尚可喜的想法理所當然是要將王位交給兒子尚之信，但這個想法在朝廷上沒有那麼理所當然，引發了許多疑慮。

04 康熙的廢藩決心與三藩兵力規模

「三藩之亂」是康熙朝前期的一大考驗，紛擾延續了長達八年時間。到康熙二十年年底，一切終於底定時，諸臣聯名上奏，恭賀並讚美皇帝，請上尊號。皇帝的權力是至高絕對的，不可能再增加，所以對於皇帝的嘉獎只能以堆砌尊號的方式來表達。

所有的議政王大臣、大學士、九卿、詹事、科道……都列名在奏章上，而皇帝卻意外地給他們碰了一個釘子。他在回應中說：

> 朕思曩者平南王尚可喜奏請回籍時，朕與閣臣面議，圖海言斷不可遷移。朕以三藩俱握兵柄，恐日久滋蔓，馴致不測，故決意撤回。……八年之間，兵民交困。（《清聖祖文皇帝實錄．卷九十八》）

「曩者」指的就是康熙十二年所發生的事，皇帝記得清清楚楚。尚可喜要求回遼東，康熙召群臣當面討論，會議中滿洲大臣圖海表示絕對不可以讓尚可喜離開廣東。但皇帝自己對擁有兵權的「三藩」有深切疑慮，決定利用這個機會收回廣東，也等於廢掉尚可喜的兵力。於是朝廷做了很激烈的決斷，不只同意尚可喜回遼東，更命令他帶著所有的家人、部屬一起離開廣東。換句話說，斷絕了由他兒子「襲藩」的可能性，實質上「廢藩」。

康熙皇帝當然知道此時是最敏感、最棘手的時刻，然而他卻拒絕了大臣顧慮他的政策難局，讓他可以暫停經筵、專心對付政局的建議。

這個決定使「三藩」震驚，自身建立起的地方勢力看來要被朝廷消滅了，而且如果被迫北上，還不知道會有什麼災難等著要對付自己。從那一年七月起，吳三桂聯合靖南王耿精忠（耿仲明孫）發動奏章攻勢，要弄清楚皇帝的態度，強調「三藩」是一起封的，也該一起行動，朝廷既然要撤平南王，那其他兩個王也應該表態，願意放棄自己的藩國。

這不是真心真意要順服朝廷，而是測試康熙皇帝的決心。皇帝終究決定不讓步，答允所請，於是吳三桂起而反叛，掀起了長達八年的爭戰。

「三藩之亂」開始時，尚之信和耿精忠各有「十五佐領」的兵力。「佐領」是軍民整合單位，一個「佐領」包括士兵兩百人，這兩百人是從「丁庶武備制」中提供的，每五名成人壯丁就出一名來實際執行軍事任務。所以他們這部分的軍隊總規模是一萬五千人左右。此外還有算是職業軍人的綠營兵，大約有六、七千人。

吳三桂的軍事力量可就不是這種等級的。順治十七年定平西、靖南二藩兵制時，平西王轄下已經有五十三個「佐領」，幾乎是尚、耿兩人加起來的兩倍。另外還有分成「忠勇」、「義勇」各五營的綠營兵，規模有一萬兩千人。

之後他在廣西、貴州用兵，更進一步擴大他的部隊規模。到康熙十二年，朝廷根本無從知曉吳三桂的確切兵力。因而雖說是「三藩之亂」，但真正的焦點在吳三桂。

05 「如政治不能修舉，上尊號何益？」

康熙二十年，皇帝對朝臣請上尊號的回應中就只提吳三桂：

> 不圖吳三桂背恩反叛，天下騷動，偽檄一傳，四方回應。八年之間，兵民交困。賴上天眷祐，祖宗福庇，逆賊蕩平。倘復再延數年，百姓不幾疲敝耶？……（《清聖祖文皇帝實錄．卷九十八》）

這是含蓄的說法，真正的意思是如果再拖幾年，我們這個皇朝恐怕都保不住了。康熙皇帝明白承認這場變亂有多嚴重，是真正動搖國本的。吳三桂在西南擁兵自重，儘管滿清八旗兵剽悍仍在，但西南的地理環境卻讓他們施展不開。

然後皇帝回憶關鍵的決策時刻，點名莫洛、米思翰、明珠、蘇拜、塞克德這幾位大臣，他們有表態附和皇帝，表示強硬處理尚可喜回籍是對的。當時整個朝廷上沒有一個人警告說，如果也遷移吳三桂，這種做法可能帶來不測的後果，會刺激吳三桂叛變。一個都沒有！

皇帝接著說，吳三桂叛反之後，有些人就開始放馬後炮，說如果不要強遷「三藩」就好了。這是什麼用意？是要將責任推給當時在朝議上主張遷移的人吧！我如果聽從這種意見，心裡反悔了，諉過給這些人，將他們殺了來和「三藩」講和，又哪裡會有你們今天這樣慶賀平定「三藩」的功業？

皇帝這話說得就很嚴厲了。這牽涉到兩個重點：第一，當時主張要撤藩的是皇帝，看皇帝傾向撤藩，朝臣沒有一個敢站出來反對皇帝，分析撤藩可能招致的嚴重後遺症；第二，等到問題出現了，本來不說話、不表態的，又出來要替皇帝「解套」，建議皇帝殺了那幾個當時持同意撤藩立場的人，用他們做替死鬼，讓皇帝可以有下臺階，反轉政策方向。

康熙皇帝於是氣呼呼地訓誡：

朕自少時，以三藩勢焰日熾，不可不撤，豈因吳三桂反叛，遂諉過於人耶？今亂賊雖已削平，而瘡痍尚未全復。君臣之間宜益加修省，恤兵養民，布宣德化，務以廉潔為本，共致太平。若遂以為功德，崇上尊稱，濫邀恩賞，實可恥也。

我從以前就認定「三藩」太囂張了，一定要處理，這就是我的看法，這就是不折不扣的事實。豈能因為引發了吳三桂叛變就扭曲事實，將責任推給那些不過是附和我的大臣，冤枉他們？現在亂雖已平定，國家社會的創傷尚未復原，迫切該做的是君臣一起認真檢討，讓軍隊復原，讓人民安心生產，將朝廷改革得更廉潔，求致天下太平。還有那麼多事等著要做，卻以為這樣就有功德要大肆聲揚，還要給皇帝上尊號，那就太無恥了！

皇帝拒絕接受尊號，甚至還明白罵人，說當此之時做這項提議是「可恥」。然而依照傳統官場的習慣，不能直接將皇帝的反應當真，要假定皇帝是在試驗大臣的效忠與阿諛程度，因而親王、大臣們再度上奏，頌揚皇帝英明。

康熙也再度親自回覆，指出：

> 當吳三桂初叛時，散佈偽劄，煽惑人心，各省兵民，相率背叛，此皆德澤素未孚洽，吏治不能剔釐所致。幸賴……地方平靖。獨念數年之中，水旱頻仍，災異疊見，師旅疲於徵調，被創者未起；閭閻敝於轉運，困苦者未蘇。且因軍興不給，裁減官員俸祿及各項錢糧，並增加各項銀兩，仍未復舊。每一軫念，甚歉於懷。若大小臣工，人人廉潔，俾生民得所，風俗淳厚，教化振興，天下共用太平之福，雖不上尊號，令名實多。如一切政治不能修舉，則上尊號何益？朕斷不受此虛名也！（《清聖祖文皇帝實錄．卷九十八》）

回想吳三桂之亂，當時他畢竟還是號召了不少人民投向他那邊，不然戰爭不會拖那麼久。這就表示朝廷的政令不夠照顧人民，不能贏得民心。現在好不容易戰爭結束了，地方上平靜下來，然而因為打仗向人民要錢，叫當官的減俸，情況都還未復原，一想起來心中就感到歉疚。

如果朝廷上上下下都能廉潔，都一心為生民戮力，讓風俗淳化，提升社會教育，讓天下人都享有太平之福，在民間我的名聲自然就好、就高，用不著上這些尊號。倒過來，政治上沒有搞好，卻接受這種虛名，有什麼意義？

06 展現比漢官更熟悉聖賢書的示範領導

康熙皇帝不只是真切地拒絕接受尊號，在回答大臣的詔書中還特別提到：

朕自幼讀書，覽古人君行事，始終一轍者甚少，嘗以為戒。

讓他產生引以為戒感受的書，都是什麼樣的書？顯然是漢人的歷史，還有中國傳統的政治智慧。而最大的刺激，就來自這兩者間的不相稱，政治道理是一回事，政治現實是另一回事。康熙皇帝自己明確的選擇，是要戰戰兢兢地落實儒家帝王統治理想，使得道理和現實合一。

延宕八年的「三藩之亂」，徹底改變了康熙皇帝的權力身分與地位。「三藩之亂」的嚴重程度，確實在一段時間中威脅到這個剛剛成立不久的新王朝，而康熙皇帝證明自己通過了這個巨大的考驗。

在過程中，他取得了過去滿清領導人從來不曾擁有的獨斷皇權。決定撤藩，其實並未真的和大臣們商議，是他自己做的決定。平定三藩的軍事指揮，他也自己承擔，他的原則是逼迫統兵、用兵之人必須積極主動，稍有猶豫不前的，就會被皇帝召回換人。在前的順治朝有統軍大將多爾袞，在後的雍正朝有統軍大將年羹堯，都享有大名；然而康熙朝對「三藩」用兵八年，沒有成就任何一位大將的名聲，主要就是因為皇帝才是真正的總指揮。

從二十歲到二十八歲，康熙皇帝在實質指揮對抗吳三桂的過程中，具體掌握了軍權，又徹底熟悉了整個帝國官僚體制。更進一步，他將這場危機轉化為收攏漢人民心的轉機。

首先在人員派任上，雖然八旗軍都由滿洲親貴帶領，但在西南地區，康熙皇帝採取收納降將的策略，大量任用從「三藩」那裡倒戈依附過來的人，這些人當然都是漢人。

其次，更重要的是平亂後他所表現出來的態度。他嚴格檢討自己，進而嚴格要求朝廷百官，不論是律己或責人，他所運用的標準，都是來自中國正統的儒家政治原理。而且他念茲在茲、再三強調：過去的帝王都無法貫徹這些原理原則，以致讓國家紛亂難治、百姓遭殃，他從歷史中吸取教訓，對於這種理想和現實脫節的狀況格外小心避免。

換句話說，他尊重、依循漢人的帝王政治理想，而且他比之前明朝的漢人帝王，甚至歷史上所有的漢人帝王，更認真實踐這套政治理想。他不是以權力命令來凌駕、指揮這個由讀聖賢書之士組成的漢人官僚系統，而是展現了比他們更熟悉聖賢書內容，以身作則實踐聖賢教誨，在人格與行為上進行示範領導。

八年之中，他獨力指揮軍事，中間又遇到皇子出生、皇后去世等等公私大事，近乎不可思議的，這段時間裡康熙皇帝基本上仍維持經筵和日講，沒有中斷。他是真心專注在這件事上。

07 從覆講到自講，皇帝成了老師

康熙十四年四月，「三藩」問題還極度危急，而且才剛經過皇子出生、皇后病逝等事，皇帝特別針對「日講」頒布了一份上諭：

日講原期有益身心，增長學問。今止講官進講，朕不覆講，但循舊例，日久將成故事，不惟於學問之道無益，亦非所以為法於後世也。嗣後進講時，講官講畢，朕仍覆講，如此互相討論，庶幾有俾實學。（《清聖祖文皇帝實錄．卷五十四》）

皇帝表達對於「日講」進行方式的不滿。原來的形式是單純講課，老師講完就到此為止，但皇帝不贊成，因為會逐漸變成行禮如儀。講者講完了，但聽者到底有沒有聽進去，又學到了什麼？重點在於學習成效，而不在表面的學習儀式。

在皇帝更年輕時，上課有兩個程序，老師先講，然後學生要將老師講過的重講一次，等於是考試，看學生有沒有專心聽，是否得到正確的理解，甚至有知識上的啟發開展。後來應該是顧慮到皇帝的年紀與尊嚴，加上日益繁重的國政壓力，老師就自動取消「覆講」這個考核程序。皇帝卻自己要求恢復，以提高上課的學習效率。

次年，還在處理「三藩之亂」中，皇帝又給自己新的學習鞭策，認為光是讀四書五經不夠，便要求講官多講《資治通鑑》的課程。康熙十六年五月，「三藩」中實力最小的尚之信投降了，藉此機會，康熙皇帝又有一份上諭給大學士，說：

帝王之學，以明理為先，格物致知，必資講論。向來日講，惟講官敷陳講章，於經史精義未能研究印證，朕心終有未慊。……今思講學必互相闡發，方能融會義理，有裨身心。以後日講，或應朕躬自講朱注，或解說講章，仍令講官照常進講。爾等會同翰林院掌院學士議奏。

（《清聖祖文皇帝實錄．卷六十六》）

皇帝仍然覺得學的不夠多、不夠扎實，尤其要讓學問不是外在的，而是能真正影響他的思考與行為。於是他再想到一個新形式，由講官講經書內容，而皇帝針對朱熹的注解來講，也就是另有一段時間，實質上是學生講、老師聽。不是單純「覆講」，重複老師講過的，而是選擇「朱注」部分，老師不要講，讓學生來講。

皇帝將這項提議交由翰林院學士討論，是顧慮到君臣上下關係，也為了保護講官。翰林院討論後建議，可依照皇帝提議的方式進行，但皇帝講「朱注」，講官只要聽就好，不需加以評論。顯然要評論皇帝講的內容，尤其是康熙皇帝的，會很為難吧！指摘錯誤，皇帝可能生氣；一味讚美皇帝說得好、說得對，這位皇帝也可能生氣啊！因而最好從辦法上就先杜絕這樣的危險。

身為康熙皇帝的講官真不容易。原本只需準備好內容照本宣科，皇帝聽不聽都無所謂，如果皇帝聽到睡著，或找理由取消課程，更樂得輕鬆。但一步一步地，皇帝不只勤勞聽課，還主動要求考試，然後倒過來，變成皇帝要講給講官聽。講官不方便對皇帝講的內容說三道四，於是這種情況豈不等於角色對調了嗎？本來的學生成了老師，老師成了乖乖聽課的學生！

一步一步地，康熙皇帝樹立了自己在學問上的地位。他不只積極學習，而且他的學習成果讓他可以自信地講述對於「朱注」的理解與發明，給朝廷裡最有學問的官員聽。那可不是從滿洲帶來的騎馬射箭或帶兵攻防的能力，而是漢人的聖賢之學！

08 「內聖」與「外王」在康熙身上混同了

康熙皇帝是中國歷史上留下最多個人意見的帝王。各種奏章中都有很多他的批注，有時用滿文寫，有時用漢文寫。

滿文才是他的母語，漢文是他後來學習的，所以在運用漢文時格外簡潔直白，不囉嗦、不廢話，更沒有什麼客套裝飾。不論是康熙皇帝親筆御批，或是別人幫他謄抄過的，光從語氣上就很容易判斷是不是他自己的意見。

漢學家史景遷（Jonathan D. Spence, 1936-）有一本奇特的著作，書名叫做 "*Emperor of China*"[2]，書中寫的中國皇帝就是康熙，而此書最奇特之處在於使用了第一人稱，從頭到尾都是「我」。

這個「我」是史景遷嗎？不是，是康熙皇帝。那麼這本書是小說嗎？不然怎麼能復活康熙皇

2 可參考〔美〕史景遷著，溫洽溢譯，《康熙：重構一位中國皇帝的內心世界》（*Emperor of China: Self-Portrait of K'ang-Hsi*）（臺北：時報出版，二〇一五年）。

帝，用他作第一人稱來寫？史景遷又不是康熙皇帝，從史學角度看，他怎麼能寫以康熙皇帝作第一人稱敘述的書？

一般狀況下是不能的，但史景遷把握、凸顯了從史學和史料學角度所看到康熙皇帝最獨特之處。幾乎書中的每一段，都的的確確有著康熙皇帝以第一人稱留下來的史料作為根據，不是出於史景遷的臆測或想像虛構。史景遷所做的，是將這些龐雜豐富的史料，依照康熙的生活進行分類統整。

書的第一章是「遊」，主要講遊獵，在皇帝生活中有著很重要的地位，因為要維持從東北來的民族風格，也和軍事訓練、軍事行動密切相關。第二章接著描述康熙皇帝如何實質進行統治，和大臣如何具體互動。到最後一章，則探索並呈現他和諸多兒子之間的關係，也就聯繫到皇位與權力的繼承問題。

很難找到多少歷史人物，更不用說帝王，能夠如此用第一人稱來呈現，清楚顯示出康熙皇帝的相關史料多麼豐富。而如此貼近切入他的生活，更具說服力地讓我們看到，他對於知識具有真摯的熱忱，對於聖賢學問的興趣遠高於教他的那些儒生講官們。

這件事對清朝的統治很重要，擴大來看，對中國士人的傳統也很重要。自宋朝建立起來的近世政治觀念，核心精神是區分「政統」與「道統」，皇帝與王朝繼承「政統」，士人則擔負「道統」。而宋代政治上最特別的，就是「政統」承認需要有「道統」的支撐與協助，才能構成合法、完整的統治機制。

然而到了明朝，「政統」與「道統」之間陷入一種不平衡的狀態。「士節」的價值觀仍在，士人普遍有著「道統」的信念，然而皇帝那邊的「政統」卻不只輕忽「道統」，而且在現實政治運作中將「政統」抬得高高在上，「道統」地位相對低落。於是原本認定應該由「道統」來輔佐、甚至指引「政統」的信念便無法落實。

到了康熙朝，產生了「道統」和「政統」間的進一步扭曲——「內聖」與「外王」的兩個範疇在康熙皇帝身上混同了。原本應藉由掌握聖賢知識以代表「道統」，可以在「內聖」範疇中超越皇帝、指導皇帝的讀書人，卻在康熙皇帝面前明顯被比了下去。

在「政統」的權力面，他們當然比不上皇帝；而現在麻煩的是，連在「道統」的知識與實踐上，他們也不如皇帝。皇帝對於聖賢知識的看重程度高於這些士人，進而皇帝對於這些聖賢知識的理解，也高於本來該當他老師的人。皇帝解說朱注，講官只能靜默聆聽，不能置一詞，師生關係明顯逆轉，變成「政統」和「道統」的領導權都掌握在皇帝那裡。

09 經學帝師熊賜履和李光地

形成這樣的政治結構，除了康熙皇帝自身外，還有兩個關鍵人物——熊賜履和李光地。

在康熙皇帝親政前，依照順治遺詔，輔政大臣們重用滿洲世臣，相對貶抑漢官，同時也貶抑漢人的學問。熊賜履在這種極度不利的環境中仍堅持「道統」，堅持表達傳統儒家的政治立場。

康熙六年，他任鴻文院侍讀時上了一份萬言書，主要關切官員與官場，建議應該慎選真的會重視民生苦樂的人做地方官，從中國歷史中模仿學習，以此重建國家制度。並且將科舉辦好，嚴整官場紀律，讓士人自重，砥礪「士氣」。

萬言書中特別提到官場上的不良風氣，會排斥有原則、有想法的人，「憂憤者謂之疏狂，任事者目為躁競，廉靜者斥為矯激，端方者詆為迂腐」（《清史稿．熊賜履傳》）。憂國憂民的人被看成瘋子，想多做點事的人被當作躁進，堅守節操的人被指責故意和別人不一樣，行為端正的人被詆毀為陳腐守舊。影響所及，讀書講學以求聖賢道理的精神徹底淪喪，儒學失去了吸引力，相對地佛、道就氾濫流行。

接著他又批評從宮中到朝中各種不守禮及奢侈浪費的現象，並推論這樣的行為將給國家、人民帶來怎樣的敗壞效果。

這份萬言書送到了當時掌握實權的鰲拜手中，鰲拜便要以「妄言罪」重罰熊賜履，不過被康熙皇帝阻止了，只將他從鴻文院調到祕書院。

被降級的處分沒有嚇阻熊賜履，他繼續上書批評「朝政積習未除，國計隱憂可慮」。鰲拜大怒，傳旨要他說清楚什麼是「積習」，又有什麼「隱憂」。熊賜履回應後，鰲拜就給他另一個「所陳無據，妄奏沽名」的罪名，但是康熙皇帝又決定原諒他。

這裡牽涉到皇帝對鰲拜的不滿，皇帝看到的是竟然有像熊賜履這樣的人，敢於頂撞鰲拜，而且他頂撞鰲拜，靠的是陳述儒家的政治道理來對照現實。鰲拜垮臺後，皇帝就任用熊賜履當經筵講官，後來又拔擢為閣臣。

另外，曾任翰林院掌院學士的李光地，長期擔任經筵侍講，兼任日講官，與康熙皇帝關係密切。晚年官至文淵閣大學士，更得到皇帝「謹慎清勤，始終一節，學問淵博，朕知之最真，知朕亦無過光地者」（《清史稿．李光地傳》）的美譽。

熊賜履和李光地在朝中取得了皇帝老師的聲名，顯現出皇帝對於儒家經學的著意用功，這是他們的正面貢獻。而他們又都有從反面而來的另類貢獻。

《清史稿．熊賜履傳》中提到，康熙十五年時，熊賜履有一次替皇帝草簽意見時簽錯了，卻已來不及改，於是他將自己寫的文件偷偷塞到另一位內閣學士杜立德的卷宗裡。杜立德發現後叫嚷起來，追問文件是誰寫的，還要查原本草稿的字跡。熊賜履怕被發現，就將草稿簽條塞進嘴裡，咬著簽條要走出去，卻被一位滿學士覺羅沙麻看到，於是整件連環錯都被揭露開來。熊賜履被除去京官資格，勒令回籍江寧。不過皇帝仍然看重他的學問，後來又被起用。

李光地也有他的案子，那是發生在康熙三十三年，李光地的母親去世，和明朝時發生在張居正身上的情況一樣，皇帝也對李光地下令「奪情」，命他丁憂時暫不守制，繼續留在京城不回鄉，一邊在京城裡守喪，一邊維持朝中任務。

皇帝下詔「奪情」，李光地卻提出請假九個月的要求，讓他回鄉治喪，消息傳出後引來了許多批評。給事中彭鵬針對此事上書劾李光地「十不可留」（《清史稿．李光地傳》），提出十項凶狠的批判，建議皇帝驅逐李光地。

彭鵬主要的論點是：皇帝為什麼要下詔「奪情」？不可能真的非李光地在朝不可吧？那麼皇帝的用心應該是在考驗李光地究竟是不是真正的「理學家」。如果李光地真的相信自己所學、所教的，就絕不可能接受「在任守制」這種既不合禮、又不合情的辦法。忠於自己的道德學問，那就只有丁憂回籍、三年守喪，沒有什麼別的權宜做法。

而李光地竟然如此經不起考驗，他表現出既貪戀朝廷位子與皇帝恩寵，還想要博得孝名，所以奸猾地想出了不放棄官職、卻又請假回鄉九個月的主意。

皇帝將這件事交付廷議，最後維持皇帝要求「奪情」的命令，李光地不得回鄉奔喪，但也取消了他的官職，讓他變得兩頭落空，盡不了人子孝道，又失去官場算計的任何空間。

看起來像是在傷口上撒鹽吧，這一年翰林官考試時，皇帝御筆選了一個考題——「理學真偽」，這套關於人倫道德的學問到底是真是假？如何是真、如何是假？

10 以皇朝力量整理宋學等知識工程

熊賜履、李光地他們的職責、他們的成就，在於教這位滿人皇帝從誠意正心到治國平天下的漢人道理。然而康熙皇帝充分證明了，無論在對於學問的追求、乃至對於學問的實踐上，他都比老師們更認真、更徹底。

這中間當然有康熙皇帝的權謀，而且以他的皇帝權位，他不需要接受這些處世行事的考驗。不過換另一個方向看，熊賜履與李光地的缺失有著高度代表性，反映出這些講究理學、自認傳承儒家傳統的官員在知與行上的龐大落差。

由此對士人群體產生了震撼效果。過去知識、理論上所標舉的「聖王」形象，現在具體、真實卻又尷尬地和現實上的外族皇帝疊合在一起。原本代表「道統」、又有漢人優越感的士人，現在找不到可以對應、抗衡皇帝權力的合理基礎。

大清皇朝如此幸運，入關後的第二位皇帝就是八歲登基、到後來在位達六十一年的康熙皇帝。這無法從制度面或其他的集體因素來解釋，還是必須歸因於康熙皇帝個人特殊的意志與能力。他展現出對於中國文化及所有新鮮深奧知識的高度興趣，還有驚人的理解、掌握能力。同時他有著強烈的行為自制品德，以及優秀的表達溝通技巧。

他不只關心如何統治，沒有將儒家這套道理只當作一種帝王術，而是好奇且認真地貫通從格物致知到親民、治民的道理。

康熙皇帝深入了解儒學傳統，尤其對「道學」和「宋學」有很深刻的體會。他任命宰輔明珠的兒子納蘭性德負責編修共一百四十種、一千八百六十卷的《通志堂經解》，將過去主要是宋人的經學成就蒐集起來。當然康熙皇帝不是理學中人，所以不會在乎「程朱」、「陸王」的派別爭執，他以皇朝的力量整理「宋學」，相當程度上強迫整合了到明朝末年高度分裂的理學思想，以至於關於經書的「義理之學」，頓時少了很多還能研究、討論的空間。

這和文字獄有著同等重要的影響，讓清朝的士人將眼光、精力從義理上移開，轉而投注在考據上。「宋學」在康熙一朝被整理好了，到了乾隆、嘉慶年間，還能讓士人在學問探求上有所發揮的，勢必轉移到新的「漢學」領域，因而出現了盛極一時的乾、嘉考據潮流。

過去歷史上的標準答案是清朝朝廷不准漢人研究義理，造成了義理之學的中斷，才使得讀書人的精力轉入沒有思想、枯燥無聊的考據學。然而回到史料上看，情況絕對不是那麼簡單。一方面考據學背後有強大的思想動機，是為了弄清楚「孔孟本意」，解決儒學上的一些關鍵大問題；另一方面，「宋學」失去活力的一大因素，非但不是朝廷禁止的，反而是康熙皇帝的介入，統合了答案。

康熙一朝編訂了《御纂性理精義》，也編成了《御纂朱子全書》，這都是關係「宋學」的知識大工程。另外旁及文學的，有《全唐詩》，和搭配的終極詩韻工具書《佩文韻府》，以及蒐錄大量古文的《古文淵鑑》。另外還有選集性質的《唐宋元明四朝詩選》。

另外一些知識工程，是在康熙朝開始，要到雍正、乾隆朝才完成。其中最重要的是開「明史館」編修《明史》。修《明史》和康熙朝開「博學鴻詞科」有很密切的關係。「博學鴻詞科」的用意是表現朝廷特別重視學問，於是找一些有學問的人進來，不做一般日常的政務，只專門做和學問相關的事。

「博學鴻詞科」和《明史》明確連結起來，是因為在那段時間中將很多原本不願在清廷當官的人推了進去，主要是給了他們理由，保有效忠明朝的態度，那就不能坐視清朝隨意編修《明史》，不能錯失影響正史內容的機會。

頒布首開「博學鴻詞科」在康熙十七年，當時「三藩之亂」仍未完全平靖。這是康熙皇帝的一項重大反思，儘管那個時候的八旗兵力仍然相當強大，但他知道不能光靠武力來鎮壓，必須和吳三桂展開另外的文化之爭、民心之爭。吳三桂的優勢在於是漢人，可以得到廣大漢人的民族認同；而吳三桂的弱點則在引清兵入關，實質上給了明朝再也無法復原的最後一擊。所以藉由開「博學鴻詞科」和修《明史》，大有助於疏離漢人對吳三桂的支持。

11 康熙的旺盛好奇心和決不允許的底線

康熙皇帝擁有不可思議的旺盛精力。他任命南懷仁為「欽天監」監副，南懷仁實質上成為皇帝的天文老師。皇帝關切的不是曆法，而是訂定曆法的道理。和從西方來的這些耶穌會修士來往，康熙皇帝進一步取得了關於世界地理的認知，更耗費十年時間，實測全中國六百四十多處的經緯數據，完成了中國最早的經緯度地圖《皇輿全覽圖》。在康熙朝的上諭中也提到過經緯度，有用經緯度標示中國領土的記錄。

康熙皇帝還有數學老師，那是梅文鼎。《清史稿．梅文鼎傳》中記錄，他在康熙二十八年到北京，去拜訪出事之前在皇帝面前當紅的李光地。梅文鼎告訴李光地，曆法、曆學在本朝已有很大的進展，但一般讀經書的儒生對這方面都沒有概念，所以他特別寫了一本相當於曆學入門介紹的書。這部書叫做《曆學疑問》，共三卷。

後來李光地隨康熙皇帝離京，到了德州，熱愛知識的皇帝跟老師要書看，李光地也沒帶別的書，就將自己正在讀的《曆學疑問》交了出去。皇帝一看書名覺得很有趣，便說：「我平常就對曆學有興趣，可以幫你看看這是不是一本好書。」表示皇帝知道李光地在曆學上的程度是遠不及自己的。

兩天之後，皇帝有了評斷，他告訴李光地，這位作者用力很深，論點還算公允，要將書先帶在身邊，回宮中仔細讀。到第二年春天，又是南巡時，皇帝把仔細讀完的書還給李光地，上面有圈點塗抹和簽貼批語。李光地問：這書有沒有什麼問題或缺點？皇帝的意見是：沒什麼大問題，就是有些算式不完整。原來梅文鼎這本書並未按照自己原先構想的寫完，竟被皇帝看了出來。

梅文鼎的家學傳到孫子梅瑴成，皇帝就讓梅瑴成進入內廷學習，特別研究「借根方」法，也就是西方的代數。《清史稿‧梅瑴成傳》中提到，康熙皇帝曾交給梅瑴成一本書，要他研究，說那本書西方人命名為「阿爾熱八達」（就是algebra「代數」），此字的原意指的是「東來之法」。所以這是西方人從東方學習去的，現在又傳回東方。

由此可知，康熙皇帝在中國數學的發展上，也有他一定的影響。

他精力旺盛，不只在「文」的方面大有成就，也有在「武」的方面的頻繁活動。前面提到史景遷的書，開頭第一章就集中在「武」的部分，每年巡狩外，還不時視察、監督滿洲親貴們在軍事上的整備狀態。而且他的狩獵活動不是表面儀式，曾經多次遭逢真實的危險，顯見他追求新奇冒險的性格傾向。

不過康熙的廣大好奇與寬容胸懷下，仍有一條嚴格底線，就是絕對不允許可能出現的明朝復辟活動。他對民間各地傳說有「朱三太子」的事情極為在意，如康熙四十七年，他曾以手諭表示，多年來追索明朝皇室朱家後人，有一個疑似朱三太子的，必須盡速以假冒之罪予以處死。

看得出來，到這時候，康熙皇帝已經充分掌握所有關於明朝皇室子弟的各方消息，得出他自己的結論。

另外有「戴名世案」，或稱「《南山集》案」，也表明了康熙皇帝雖然優遇士人，卻絕對不允許士人以明朝為正統。原來戴名世的文集中收錄了一封書信〈與余生書〉，信中不但寫出南明政權弘光、隆武、永曆三帝年號，還將南明與三國時期的蜀漢、南宋末年退守崖州的宋室相提並論。戴名世因此獲罪被殺，是康熙朝有名的文字獄大案。

康熙朝確立下來、到雍正朝更嚴格堅守的官方歷史是：明朝已經亡於流寇，所以在崇禎皇帝自縊後，就再也沒有明朝了，滿清是入關代為收拾流寇所造成的無序局面，在無序中創造新王朝的秩序，而所謂「南明」不過就是亂局中的另一些失序因素，與流寇無異。這樣的歷史正統說法不容挑戰。

康熙皇帝在統治上最核心的問題，在於自己太聰明又太能幹，以至於很難處理接班一事。他立太子，又廢太子，然後於心不忍，將太子復位，卻又二度再廢。如此反覆，還只是他教養兒子、安排接班上的一個插曲。總體來說，他非但無法阻止諸子之間的權力爭奪，甚至還助長了這種情況。到今天康熙諸子間的緊張鬥爭故事，都還是戲劇改編的理想材料，吸引了現代觀眾的好奇興趣。

第三講

盛世及其潛伏的危機

01 帶著高度危機意識即位的雍正帝

西元一七二二年，康熙六十一年農曆十一月十三日，康熙皇帝駕崩。和六十多年前順治皇帝去世時很不一樣，這時候要接位的新皇帝不是一個小孩了。

康熙皇帝去世的第二天，朝廷就有一道上諭。這於禮不合，原來的皇帝死了，新任皇帝要到六天之後才行正式的即位禮，按理說這時候沒有皇帝，也就不可能有上諭。即將接位的雍正皇帝卻迫不急待地搶先以皇帝的名義發布命令。

皇帝命令他的兩位兄弟胤禩和胤祥（後避皇帝名諱都將「胤」改為「允」），加上原本就在他身邊的大學士馬齊、尚書隆科多，這四人「總理事務」（《清世宗憲皇帝實錄．卷一》），用今天的語言說，就是負責政府交接的主要人士。然後又有第二道上諭，要求十四弟胤禵立刻回京，這是提防帶兵在外的胤禵有什麼非分之想，做出什麼威脅之舉。再來第三道上諭，就是封胤禩、胤祥為親王。

在康熙皇帝的諸子中，長子胤禔被父親嫌笨，從來沒有得到信任。次子胤礽是皇后所生的唯一嫡子，原本最受寵愛，兩歲時就立為太子，後來因行為不檢在三十五歲被廢，隔年重新取得父親關愛，二度立為太子，康熙五十一年又二度被廢。三子是胤祉，向來和胤礽親睦，被視為屬於皇太子派。四子是胤禛，也就是後來的雍正皇帝。胤禩是第八子，胤祥則是第十三子。

尚未正式即位，就選擇將胤禩和胤祥封為親王，在權力運作上有著不同考量。胤禩有自己的「八爺黨」，曾經支持大阿哥胤禔，後來轉而擁立十四阿哥胤禵，所以必須先予以拉攏、安撫。而胤祥則是平常就追隨胤禛，是和他最親近的兄弟，表示對這群人的酬謝與持續仰賴。

父親才一去世，便違禮地倉促發布上諭，顯示出康熙在位最後十幾年裡，宮中和朝中最大的問題就是皇子相爭。胤礽兩度被廢，使得其他兄弟都覺得自己有機會，比較有野心的幾個便積極拉攏其他兄弟、拉攏滿洲親貴，甚至拉攏朝臣。彼此的角力不只白熱化，而且也檯面化。

康熙臨終前明確選擇了四子胤禛繼位。野史上傳說，「正大光明」匾後遺詔上「傳十四子」字句被偷改為「傳于四子」絕對是假的。因為清朝所有重要文件都是滿文、漢文並列，並以滿文為主，漢文只是衍生的翻譯版本。但即使是康熙皇帝的意志，也不足以平息皇子之間的卡位鬥爭，所以雍正皇帝必須帶著高度危機意識對待當時的政治局勢。

02 親力親為、細部管理的統治風格

長期鬥爭的經歷，讓雍正皇帝做了很多即位的準備，早就想好了該如何鞏固自己的權力基礎，在最短時間內壓住所有可能威脅他皇位的變數。

十一月二十日正式即位，十二月七日他就下令禁止地方官員貢獻各地產物來慶祝即位。這一方面表現出對於父親去世的哀悼，另一方面，更重要的，是當作幾天後另一道上諭的伏筆。

十二月十三日，康熙皇帝去世滿一個月，上諭要求各省將過去定額應該繳納的錢糧限期三年內補足，填好各省倉庫的虧空。這是他還在當皇子時就注意、盯上了的問題。康熙朝統治後期，尤其平定臺灣明鄭勢力之後，國家安定，沒發生什麼大事，逐漸地對於錢糧財政沒有盯得那麼緊。這件事讓雍正早在即位前就覺得很不舒服，因而一即位就急著催討。

過了農曆年，雍正元年正月初一，皇帝連發十一道上諭。這是連環命令，針對官僚體系中不同等級、不同職責的人分別曉諭號令，從總督、巡撫、督學、提督……，一直到最底層的知州、知縣等文武官員，都有詳細的關切訓誡。

才一個多月時間，雍正已經清楚展示了他的主要統治風格——急迫不能等待，不能容許任何積欠，親力親為做好細部管理。

雍正皇帝和康熙皇帝一樣，留下了大量的記錄，而他在位的時間遠短於他父親，所以若用單位時間計算的話，那麼雍正皇帝的記錄資料甚至比康熙皇帝還多。兩代的皇帝資料還有一項明顯差異，康熙皇帝留下許多不拘形式的意見，雍正皇帝卻習於長篇大論。

雍正皇帝喜歡自己寫上諭，往往一寫就是一大篇。他真的相信長篇大論在統治上的作用，不只寫、不只發布，還積極地要求人家認真讀。連發十一道上諭，因為每一道針對的讀者都不一樣，他要確保官僚體系中每一個人都讀到符合他們身分的道理。另外有些上諭，他會要求大量印發散布。

於是留下來的、光是刊印的，就累積幾十萬字。清朝的皇帝真是勤勞，康熙皇帝很勤勞，他的兒子在這方面也不遑多讓。雍正皇帝和他父親一樣精力旺盛，同樣的事情、類似的意見，他會不厭其詳地針對不同對象一說再說，而且在統治事務上，沒有任何事對他來說太過於瑣細，不值得皇帝注意，不應該由皇帝來管。

03 康熙上諭「滋生人丁，永不加賦」

雍正皇帝連發十一道上諭，針對不同層級的官僚叮囑規定，最特殊的地方正在於沒有特殊的內容，裡面的每一句話幾乎都可以在明太祖的官職設計中找得到。換句話說，這時候的清朝雖然是外族統治，卻驚人地維持了中國原有的官制，這套官制從明太祖建立之後，基本上原樣維持到清朝結束，前後長達將近五百五十年的時間。

清朝具備高度的自制，沒有因為自己的異族文化背景，而將原有關外的行政習慣帶進中國，全面改造中國的官制。這份自制背後反映的，正是從順治經康熙到雍正一脈相承的一份高度自覺與自信。他們很清楚自己和明朝有什麼不一樣，所以不在意維持明朝官制，不覺得明朝官制與明朝滅亡有根本、直接的關係，以及自信有著關鍵的差異，清朝不會步上明朝滅亡的覆轍。

清朝和明朝在三件事上不一樣。第一，有滿、漢官並行，在重要的位子上有滿官牽制、監督漢官，不會出現像明朝那樣的官僚扭曲弊病。第二，有八旗兵，保證了滿洲人在軍事武力上的優勢。八旗是真正的滿洲命脈與統治基礎所在，所以文官部分可以依循原有的明朝制度處理，不會對王朝產生致命的威脅。

還有第三件事，滿洲人極度自豪的，讓他們確知就算承襲了大部分的明朝制度，也不會招來明朝般的厄運，那就是「永不加賦」的祖宗家法。從雍正皇帝一直到光緒皇帝，每位皇帝都必須遵守這條聖律。靠著「永不加賦」，清朝有把握拉攏民心，尤其是讓人民抗拒倒向叛軍或新的挑戰政權。

我們也可以從這三件事梳理清朝歷史的變動主軸。之所以由盛而衰，先是八旗兵敗壞，不再能提供朝廷武力的優勢保障，而八旗同時也是滿洲貴族制度，於是連帶地造成了滿官的沉淪。到了「太平天國」動亂時，剩下的最後一塊——「永不加賦」也失守了，使得清朝陷入無法扭轉的沒落下沉中。

前面提到雍正皇帝剛即位，甚至還沒等到雍正元年，在康熙六十一年年底，他就下令要求各省官員將積欠的錢糧補足。此舉的另一項用意，在於精算「永不加賦」的定額。

十年前，康熙五十一年時，康熙皇帝有過一道上諭：

> 海宇承平日久，戶口日增，地未加廣，應以現在丁冊定為常額，自後所生人丁，不徵收錢糧。編審時，止將實數查明造報。（《清史稿．食貨志二》）

不打仗，沒有流離失所，家戶和人口很自然會增長。人變多了，土地卻不會跟著增多，但依照規定，人口多了要繳納承擔的賦役也就變多。為了紓解人民的生產經濟壓力，就以當時的戶口登記為準，一家有多少人，該有多少賦役，就固定下來，往後不再依照現實數字往上調。生出來的丁口就只是登記數字，和徵稅服役脫鉤，都不用算錢糧。

這是康熙皇帝恤民的美意，但上諭發下來之後，在執行上產生了嚴重的後遺症。皇帝考量的前提是戶口增加了，家戶擁有的土地卻不能擴展。但不是每一戶都增加人口，如果家中人口減少了怎麼辦？

本來全戶十八名人丁，按十八人徵稅，成為定額後，如果家中少了三名人丁，那不是明明只有十五個人，卻必須承擔十八個人的稅賦？雖然有「抵補」的規定，但執行上往往就被忽略了。關注增加的，沒有照顧到減少的，產生了許多弊病。

雍正皇帝在爭奪皇位的過程中，已經看到這個問題，也認真思考過。所以他迫不及待地不只要處理這個問題，還要藉這個狀況進行中國賦稅史上極其重大的一番改革。

04 「攤丁入地」，人頭稅在清朝消失了

中國的帝國形成之後，稅收通常分為三部分，一部分是土地的主要生產物，另一部分是土地的附帶生產物，第三部分則是勞動力。最容易理解的原型，就是唐代的「租庸調」。第一部分通

常是針對食糧作物，第二部分是指桑、麻等連帶產物，會有加工後的布疋，第三部分則是奉獻一定比例的時間，去從軍、戍邊或服勞役。

不過歷代反覆遇到同樣的問題，就是三個部分很難統合管理，更難有效地處理運用。因而產生了一種想法，要將三個部分用什麼方式加在一起徵收，以簡化流程，也簡化朝廷財政上進出項目的複雜性。

然而就算設計出可以統合徵收的辦法，也在政策上落實了，卻往往很快又破壞了。最常發生的情況就是遇到朝廷有特殊勞動力需求，比如要打仗、要防邊，或要治黃河，較容易採取的解決之道，是進行新的人力動員。本來已經納入統整換算的力役之徵，這時候就又跑出來架在原有的稅收之上，而且通常一旦開徵，就很難再取消，於是項目又變得分歧了。

清朝早期在統治上遇到了同樣的問題。在土地生產的稅賦之外，另有依照人丁數徵收的部分。康熙皇帝要落實「永不加賦」，採取了凍結應稅人頭數量的方式，這是康熙五十一年政策的重點。但雍正體會到這項政策不可行之處，因而做了重大的修正。

接到新皇帝要求三年內補足錢糧的命令，對大部分官員來說一定很困擾也很惶恐，地方上該如何找出新的財源來償還積欠呢？當時的直隸總督李維鈞就只好上奏，請求用新債還舊債，也就是先多徵收往後的丁錢。因為是照人頭算的，不像土地生產需要考慮許多因素，就將未來的丁錢徵來還本來欠朝廷的錢糧。

這項請求啟發了雍正皇帝，找到了解決康熙皇帝政策所留下的問題。重點在於「攤丁入地」，也就是往後將丁口的稅賦按照土地大小算進田賦中。不管擁有這塊土地的家戶家裡到底有多少人，都攤派固定的口數，人口改變不會再影響賦稅額度。

「攤丁入地」是按照省分做區別處理，考量人口稠密程度與土地肥瘠狀況。比如直隸的土地稅賦很高，本來要交一兩田賦的土地，現在加上「攤丁銀」二錢七厘，大約增加兩成左右。其他省分如山東，增加一成一五；偏遠省分如廣西，增加一成三六；福建的「攤丁銀」落差較大，最高的增加幅度超過百分之三十，也有較貧瘠的地方只增加百分之五點二。

各省各地算出要攤分丁銀的不同比例，將地和丁的負擔都加在一起。從此之後，所有的人只要將「攤丁入地」的錢糧繳完，就不欠國家了，不需再有丁徭的顧慮。

在這次由雍正皇帝發動的改革之後，基本上一直到清朝滅亡，形式上人頭稅在中國消失了，對國家財政有意義的只有田畝大小。這又形成了清朝政權的另一項自我節制——不干預人民的戶口多寡。朝廷管土地卻不管人口，人口增加或減少都不影響朝廷的收入。在沒有戰爭的大局勢下，家戶人口必定是增加的，能夠投入生產中的勞動力也會增加。國家沒有施以任何額外的壓力，實質上等於鼓勵家戶人口增殖。

於是一來，總體人口有更好的增長條件；二來，朝廷的行政與人口之間的關係鬆散淡薄，各級政府也就愈來愈不注重人口問題。稅賦輕、政府不干預，提供了人口長期增長、甚至倍數增長的條件。

還要再計入新品種稻米傳入、繼而愈來愈普及的因素。從十六世紀之後，中國的農業土地中水田的比例不斷升高，也就是種植稻米的土地面積比例升高了。如此使得中國農業一方面愈來愈依賴有效的灌溉系統，大部分土地都離不開人工的灌溉渠道；另一方面，也使得農業生產高度勞動密集，吸納愈來愈多的勞動人口。

種稻是一件極辛苦的事。如果沒有投入足夠的勞動力，水稻就無法收成，而投入的勞動力愈多，水稻的收成持續增長，又刺激了農家投入更多的勞動力在其中。

臺灣農家慣常講的閩南語中，仍留有對於從事稻作辛勤程度的反映。例如「透早巡田水」，隨時需要確保田裡有適當高度的積水。那不只是有水就好，水太高或太低都會影響水稻生長，而灌溉系統是集體性的，集體組織付出愈多的勞動力來建造並安排灌溉系統，就可以有愈高的產量。在人力供應充沛的條件下，稻作分布愈來愈廣，種植稻米的土地也就能夠養活愈多人口，讓更多勞動力投入在稻田裡，持續提高稻米產量。

閩南語中與種稻有關的另一個詞叫做「搼草」，意思指的就是除草，但其本意描繪了極度形象化的動作，接近「搓草」或「摸草」。那是因為在稻田中除雜草也是極度仔細、極度艱辛的工作，經常要趴在田中小心檢查，將才發芽的雜草拔除，而不傷害成長中的稻秧。那是可觀的勞動力付出，不過稻米的確會因此長得好、收得多，就刺激了農民將更多人力放在這裡。

05 人口數字成長十六倍的前因與後果？

因為朝廷不干預，民間農業勞動力供給減去了最大的斷裂危險。過去的農戶總要擔心，不知道平常投入農業生產的男丁什麼時候會被徵調去築城、去治河，或更可怕的，去戍邊、去打仗，往往不知道要去多久，也不知道是不是能回得來。

這樣的徵調對於人口有雙重抑制作用，去了的可能回不來，留著的必須忍受下降的生產所得，無法提供足夠的生計。但在清朝，從雍正皇帝「攤丁入地」稅賦改革之後，有超過一百年的時間，民間人力基本上不受干擾，直接的效果當然是人口快速增長。

過去的朝廷重視人口，有多少人口，意味著朝廷得以有多少收入。從中古到近世，歷史變化的主要動力之一，便是國家和世家大族間的人口拉鋸爭奪。不過到了清朝，人口數字失去了這個關鍵命脈意義，朝廷重視的、詳細檢查的是土地，土地才是徵稅的依據，而不是人口。

在這樣的價值觀中，很明顯地，國家有高度動機拓展土地。的確，雍正到乾隆兩朝，清朝的領土有著大幅增長，新納入的土地帶來新的國家財富，使得朝廷更不需要那麼在意人口。

《清史稿．食貨志一》中記錄，順治十八年（一六六一年）進行人口調查，得到的人口數字約一千九百二十萬；到了康熙五十年（一七一一年），半個世紀之後，統計的人口增加為二千四百六十二萬。然後到了道光二十九年（一八四九年），這時候的人口數字竟然高達四萬一千二百九十八萬。在一百四十年間，中國的人口成長了十六倍！

後來很長一段時間，說到中國人民就說「四萬萬同胞」，就是從這裡來的。

這個數字非常清楚地反映了雍正皇帝改革的效果。在以前，人口統計得到的數字幾乎必定低於真實。除了受世家大族隱匿的人口之外，地方官員也有高度動機去低估而不會高估人口數。因為報出去多少人口，到時候就必須依照這個數字繳交人頭稅，報得愈多，自己收稅的責任自然就愈重。

然而「攤丁入地」之後，人口與稅收分離了，倒過來，地方官就有高估人口而不是低估人口的動機。人口增長，代表人民得到好的照顧。「庶」指的就是人口增長，自古就被視為地方官應該致力追求的目標，也是政績的一項重要表現。

人口要在一百四十年間成長十六倍，顯然不可能。誇大了的數字顯示出雙重現象：人口在這段時間內大幅增加，而朝廷對於人口卻沒有嚴密的掌握，更遑論計畫與管理。由此埋下了嚴重的禍根，沒有可以核實的戶口制度，遇到像太平天國那樣的變亂，朝廷無從確實掌握地方狀況，在錯誤的政策執行下，使得攪擾拖長、擴大。

《不一樣的中國史》第十一冊中提過，明朝皇帝爛、朝廷爛，大臣也好不到哪裡去，但靠著戶口與稅賦制度維持不動，就能存在那麼久。明末流寇是多年問題累積的總爆發；相較於流寇，太平天國原本的騷動不是那麼嚴重，卻燎原延燒而造成那麼大的禍害，和清朝沒有堅實的戶口管理，鄉里底層組織沒有細密的牽制作用，都有莫大的關係。相對地，太平天國所到之處，在朝廷與民間組織連貫不密實的情況下，很容易就裹脅了大批民眾。

06 火耗歸公以養廉，官吏薪資合理化

雍正皇帝另外進行了關於「火耗」的改革。這也是源自明朝官制的缺失，一種依附在國家財稅上的畸形慣例。這種慣例嚴重違反了雍正皇帝處處要求「校實」的個性與統治風格。

「火耗」問題浮上檯面，仍然和三年內補齊積欠錢糧的要求相關。有官員就在「火耗」上動腦筋，想當作籌集、償還積欠所需的財源。上面的官員希望提解下層機關的「火耗」，作為償還的本錢，於是釀成上下之間的緊張，甚至表面化為衝突。

如果朝廷的徵收定額是一百元，負責收稅的單位可能會多收二、三十元，甚至四、五十元的「火耗」；現在上級官員為了在三年內處理可能已經積欠了兩萬元的錢糧，就強迫底下的人將「火耗」的部分、甚至全部上繳，這就是「火耗提解」。

「火耗提解」問題鬧上了朝廷，當時的山西布政使高成齡上了奏摺，請求皇帝下詔將「火耗

提解」正式建立為制度，而且最好是「火耗歸公」，「憑大吏酌量分給，均得養廉」（《清史稿．諾岷傳》）。針對此奏，雍正皇帝表達了他的看法：

> 今觀爾等所議，見識淺小，與朕意未合。州縣火耗，原非應有之項，因通省公費及各官養廉，有不得不取給於此者。朕非不願天下州縣絲毫不取於民，而其勢有所不能。且歷來火耗皆州縣經收，而加派橫徵，侵蝕國帑，虧空之數不下數百餘萬。原其所由，州縣徵收火耗分送上司，各上司日用之資皆取給州縣，以致耗羨之外，種種餽送名色繁多，故州縣有所藉口而肆其貪婪，上司有所瞻徇而曲為容隱。（《清世宗憲皇帝實錄．卷二十二》）

先批評「見識淺小」是典型雍正皇帝的口氣，表示他要從更高的層次來看這件事。理想上，最好可以完全不要對百姓抽稅，但這在現實上是絕對不可能的。有徵收，就會產生弊病。下層官員之所以多收「火耗」，主要是為了送給上司，上司的許多開銷都是由州縣官府提供的，所以讓下層有藉口可以收「火耗」，結果愈收愈多，滿足貪婪私欲。上司則「拿人的手軟」，自己從「火耗」中得了許多好處，就遮蔽掩護「火耗」的種種加碼做法。

因而皇帝的主張是：「與其州縣存火耗以養上司，何如上司撥火耗以養州縣。」（《清世宗憲皇帝實錄．卷二十二》）用今天的國家財政辦法來說，就是統籌分配。將所有的「火耗」通通聚集到最高層來，然後再分配下去。

落實的做法是「火耗定制」。本來一百元的稅額，加了二、三十元留在州縣的「火耗」，其中可能又有十多元往上送，進了府或省級的官員口袋裡。改為「火耗定制」，規定每兩地丁銀明加「火耗」數分至一錢數分，也就是將一百一十元一併繳上來，不會留在巡撫或總督那裡，而是直接上繳到朝廷，再將這些多出來的收入用來「養廉」，也就是幫官員加薪。

這實質上徹底改變了明朝官員的薪俸制度，在既有的、少得可憐的、絕對養不活自己的規定薪俸之上加了「養廉費」，官員能夠得到與他的地位及生活方式較為相稱的固定收入。

明朝的一個總督若同時兼領尚書，即是「從一品」，一年的薪俸只有銀一百八十兩、米一百八十斛。到清朝有了「養廉費」，總督能領到的「養廉費」是從一年一萬三千兩起跳。如果擔任的是陝西、甘肅、雲南、貴州等偏遠地區的總督，那麼「養廉費」還可以上看二萬兩。相較之下，就能明白一百八十兩的本俸低到荒唐的程度。

再如知縣屬七品官，俸銀是四十五兩，加上米四十五斛，而他的「養廉費」是從六百兩起跳。若是較大的縣，可以拿到二千兩。

這又是一項重大改革，雍正皇帝將明朝留下的官吏薪資制度合理化了，只是用了不一樣的名稱。要了解清朝官員的收入，從此之後重點在於「養廉費」。

07 驚人的自信與驚人的心胸狹窄

過此以往，很容易可以推斷出的情況是：不論人口如何增長，都和朝廷收入無關，然而人口增長卻必然有更多相應的行政與管理需求。所以一來，中央朝廷的財力及其能做的事，相形之下不斷萎縮；二來，受惠於人口的增長，地方官員有更多管道可以介入民間社會得到利益。

朝廷將多出來的「火耗」統籌管理，得以支付大筆的「養廉費」，但各地官員不會真的領到「養廉費」之後，就徹底失去在正稅之外加收的辦法。於是長久下來，可以利用人口增加好處的地方官員，就比只能靠土地徵稅的中央朝廷要來得富裕。清末政局中，「方面大員」在政治上變得如此重要，其現實基礎便來自一個總督所能握有的資源，足可以讓朝廷為之忌憚。

而這一切的起源，必須追溯到雍正皇帝的改革。雍正勇於在即位之初就推動改革，他在權力方面的自信正是承襲自父親康熙皇帝。康熙完成了中國歷史上幾乎沒有前例的「政統」與「道統」合一，給予皇帝這個位子空前的雙重高度——權力和道德的雙重最高地位。

成為皇帝之前就一直牽涉在皇子間的激烈卡位爭奪，使得雍正必然十分清楚父親的統治地位與統治風格。兩度被廢的胤礽就是在這方面始終懵懂，無法掌握、不知道如何尊重、更不可能模仿父親的道德與知識權威身分。雍正最終得以脫穎而出，靠的也就是努力在父親面前樹立了這份對於道德與知識權威的重視。這樣的經驗滲入他的統治人格中，當然一即位便顯現出來，毫不猶豫地批評朝臣，毫不懷疑地做出重大改革的決斷。

爭奪皇位的經驗，也給雍正皇帝留下了一些其他的影響。例如，他一直對於胤祉在知識上得到很多人的推崇，似乎地位高於自己而耿耿於懷。雍正八年五月，他突然下手，找了藉口羅織罪名，將三阿哥胤祉奪爵並予以軟禁。到這個時候，可不再是宮廷權力鬥爭，因為過去曾經對他爭奪皇位有過威脅的人，如今早已都被剝奪權力，不可能有什麼實質足以對抗皇帝的力量。

雍正皇帝親自擬定上諭，數落誠親王胤祉的「大罪」。開頭第一條的說法是：

> 誠親王允祉，自幼即為皇考之所厭賤，養育於外，年至六歲尚不能言，每見皇考，輒驚怖啼哭。……（《世宗憲皇帝上諭八旗．上諭旗務議覆卷八》）

這是指責他從小不得父親喜愛，沒有被留在身邊養育，長到六歲還不會說話，見到父親竟然害怕得大哭。先不論描述是否為事實，就算是事實，這算哪門子的罪名？這是六歲的小孩自己可以決定，所以應該自己負責承擔的嗎？

接下來是：

> 及年齒漸長，則性情乖張，行事殘刻，於皇考之前則不義不孝，於其母妃則肆行忤逆，是以

> 皇考屢降諭旨，將其心術行止不端之處宣示於眾，此舉朝所共知者。其接待諸兄弟皆刻薄寡恩，諸兄弟皆深知其為人而鄙棄之。其待朝臣則倨傲無禮，其待所屬則需索無饜，此亦中外所共知者。……

又是非常籠統的罪名，表示這個人對周遭所有的人都很壞，從父親、母親到兄弟、朝臣，惹來了所有人對他的厭惡。而指責的語言也都是「不義不孝」、「刻薄寡恩」一類的形容詞，沒有任何確切的行為描述，再以「諸兄弟皆深知」、「中外所共知」帶過。

有具體描述的，卻是許多人都知道與事實不符的指控：

> ……皇考以東宮儀仗禮服，從前定制太過，特命廷議更正。允祉見廷臣所議，忿然謾罵，且云：「如此則何樂乎為皇太子耶。」

康熙皇帝認為皇太子的待遇太好了，要群臣檢討予以減省，胤祉看到廷臣的議案，生氣大罵，甚至說：「這樣當皇太子還有什麼樂趣？」但很多人知道、也還記得情況其實不是這樣的。那是胤礽被廢除皇太子的身分後，康熙皇帝命廷臣討論廢太子可以得到的待遇，大臣們知道胤礽失寵了，就落井下石，定了很苛刻的條件。一直和胤礽親近的胤祉看了，很替胤礽打抱不平，才既生氣又感慨：當個皇太子怎麼會落得如此倒霉下場啊！

很顯然地，後面這個情境比雍正皇帝上諭中所形容的來得合理。胤礽又沒當皇太子，也沒有什麼跡象顯示他會當上皇太子，那麼刪減皇太子的待遇他生什麼氣，干他什麼事啊！

這件事反映出來的，第一是雍正驚人的心胸狹窄，容不得在一些人眼中看來比他有學問的哥哥；第二是他驚人的自信，覺得他只要寫了什麼就能影響天下人，讓大家都接受他的講法，都相信他。

08 從大義覺迷到學禪，折服天下的想像

類似的自信也出現在他為了「曾靜案」而編寫《大義覺迷錄》一事上。雍正六年，曾靜和門徒張熙受到呂留良「華夷之防」思想的感召，試圖煽動當時的川陝總督岳鍾琪，期待他站在漢人的立場反清。過程之中，曾靜寫了一份雍正的十大罪狀[3]為最主要的宣傳內容。案發之後，曾靜被捕，雍正皇帝刻意饒他不死，讓他寫一份叫做《歸仁錄》的悔過書，然後皇帝就將曾靜的口供、皇帝親擬對於「十大罪狀」的答辯，再加上《歸仁錄》，合併為《大義覺迷錄》。

雖然雍正皇帝要求廣發《大義覺迷錄》給臣民閱讀，甚至下旨「將來子孫不得追究誅戮」

《清高宗純皇帝實錄．卷九》），但他的兒子乾隆皇帝一上任，立刻不只下令將曾靜、張熙都處死，而且將《大義覺迷錄》定為禁書。

為什麼會有政策上如此戲劇性的大轉彎，前一位皇帝要廣發的宣傳品，在後一位皇帝眼中看來成了可怕的大毒草？因為乾隆皇帝旁觀者清，看出《大義覺迷錄》沒有他父親當局者迷認為的那種說服力。讀這本書的人不必然都會站在雍正這邊反對漢族立場，恐怕大部分的漢人讀者反而會被曾靜的說法煽動，引發或強化反對滿洲人的態度吧！

康熙皇帝靠著對於中外學問知識的掌握而折服群臣，雍正皇帝在學問知識上遠遠不如父親，卻承襲了父親這種要折服群臣、甚至折服天下的想像。他說話時採用的口氣常常都是「這你們怎麼不知道」、「你們看的怎麼那麼短淺」、「你們一定不可能反對我」。

更進一步，因為父親建立的典型如此，雍正皇帝會刻意選擇父親沒有下過工夫、沒有特殊成就的領域，來建立自己的知識學問地位。例如雍正皇帝學禪，自稱「圓明居士」，還親自編選歷代禪宗語錄。然而有趣的是，他為編的書所寫的序言中，這樣描述自己學禪的過程：

> 朕少年時喜閱內典，惟慕有為佛事。於諸公案，總以解路推求，心輕禪宗，謂如來正教不應

3 曾靜指責的十大罪狀為：謀父、逼母、弒兄、屠弟、貪財、好殺、酗酒、淫色、懷疑誅忠、好諛任佞。

如是。聖祖敕封灌頂普慧廣慈大國師章嘉呼土克圖剌麻，乃真再來人，實大善知識也。梵行精純，圓通無礙，西藏、蒙古、中外諸土之所歸依，僧俗萬眾之所欽仰。藩邸清閒，時接茶話者十餘載，得其善權方便，因知究竟此事。……（《御選語錄》）

他說少年時就喜歡讀佛經，但對於公案覺得像是推理遊戲，不怎麼尊重，認為和佛教正理有差距。後來遇到了一位精通西藏、蒙古與中土佛教的章嘉喇嘛國師，才懂得公案真正的道理。

壬辰春正月，延僧坐七，二十、二十一隨喜同坐兩日，共五枝香，即洞達本來，方知惟此一事實之理。然自知未造究竟，而迦陵音乃踊躍讚嘆，遂謂已徹元微，儱侗稱許。叩問章嘉，乃曰：「若王所見，如針破紙窗，從隙窺天。雖云見天，然天體廣大，針隙中之見，可謂遍見乎？佛法無邊，當勉進步。」……

有了領悟之後，自己知道還沒達到最高等級，然而講給迦陵禪師聽，迦陵禪師大加稱讚。又回頭問章嘉喇嘛，喇嘛不以為然地說：「你這樣不過就像在紙窗上用針戳了一個洞，儘管可以算作看到了天，但天那麼大，從針洞裡看到的，能說是整個天嗎？」

朕聞斯語，深洽朕意。二月中，復結制於集雲堂，著力參求。十四日晚，經行次，出得一身透汗，桶底當下脫落，始知實有重關之理。乃復問證章嘉，章嘉國師云：「王今見處，雖進一步，譬猶出在庭院中觀天矣。然天體無盡，究未悉見；法體無量，當更加勇猛精進。」云云。朕將章嘉示語問之迦陵音，則茫然不解其意，但支吾云：「此不過剌麻教回途工夫之論，更有何事。」而朕諦信章嘉之垂示，而不然性音之妄可。

他很同意喇嘛國師的評斷，所以更耗神廢力追求，到大冬天都會因此出汗的地步，又精進了一層。他再向章嘉喇嘛請教，喇嘛稱許他這一進步，算是走到庭院中看到了天，不過佛理有著近乎無窮的層次，必須更加認真追求。後來他將喇嘛國師的話講給迦陵禪師聽，禪師茫然不懂，卻還裝模作樣地說，那只是喇嘛教的淺論罷了。於是就更相信喇嘛國師，看透了禪師的虛妄。

這篇序文的重點在於，一方面誇耀自己在佛學上多麼有天分，另一方面則表示在禪學上，沒有禪師有資格教他。以他的天分，加上從喇嘛那裡得到的智慧，他已經超越了中土的禪師，成為權威。

09 權力上的王者外，還要做知識上的王者

他的父親成為儒學上的權威，雍正皇帝便致力於在禪學上建立權威。他不只編選、刻印語錄，還開堂授徒，將對於徒眾的教導及徒眾間的討論，另外編成《御選當今法會》。《御選當今法會》書中又有雍正皇帝所寫的序：

> 朕自去臘閱宗乘之書，因選輯從上古德語錄，聽政餘閑，嘗與在內廷之王大臣等言之，自春入夏，未即半載，而王大臣之能徹底洞明者，遂得八人。夫古今禪侶，或息影雲林、棲遲泉石，或諸方行腳、到處參堂，乃談空說妙者，似粟如麻，而了悟自心者，鳳毛麟角。今王大臣於半載之間，略經朕之提示，遂得如許人一時大徹，豈非法會盛事！選刻《語錄》既竣，因取王大臣所著述，曾進呈朕覽者，擇其合作，編為一集，錫名《當今法會》，附刊於後。

這又是炫耀文，說自己了不起的教學成就，來學的都是內廷諸王大臣，時間不過是從前一年的十二月到今年的夏天，半年左右，就有八人得到「徹底洞明」。比較古今學禪之人，或專心致志、躲到山林裡遠避俗事，或到處參拜佛寺佛堂，說了很多空妙的道理，用了很多類似「麻三

斤」的公案對話，結果真正能了悟自心的，可說少之又少。所以為了紀念這場皇帝神功所創造的法會盛事，特別將諸王大臣寫來給皇帝看過、批過的作業蒐集在一起，編成一本書。

面對禪學，雍正很清楚不是一位真正的信仰者，他沒有任何進入禪學生命狀態的表現，毋寧是將禪學當作另一項統治工具。

他藉由擺出學佛、熱中禪學的姿態，刻意拉攏喇嘛，抬高喇嘛的地位，顯示自己和喇嘛高僧有如此緊密的關係。滿洲崛起時一直採取拉攏蒙古的立場，此時又有西藏的因素，都讓雍正可以透過喇嘛教來施以影響。

但他又不在信仰上依歸喇嘛教，而是選擇了禪宗，刻意和喇嘛不同路數，表示自己在佛教、佛學的地位不輸喇嘛。再來，他對於禪宗內部的權威也明白打壓，選擇了當時地位甚高的大覺寺住持性音法師（迦陵音）來公開嘲弄。

雍正皇帝要的，是建立自己的知識權威，而在這件事上，他和康熙皇帝的做法是一脈相承的。他們都不只要當權力上的王者，還要做知識上的王者。這種態度，後來又延續到下一代的乾隆皇帝身上。

乾隆皇帝自身的知識能力遠遠不及祖父，然而到他當皇帝時，滿清王朝的國力進一步發展，提供了乾隆皇帝在這上面可以有更大的野心。乾隆朝編纂了《四庫全書》，這不是一部書或一套書，而是一整座圖書館的藏書。

此項知識工程的開端在乾隆三十七年，當時的安徽學政朱筠上奏，表示對於明朝留下來的

《永樂大典》有所不滿意，因為那是用「類書」、參考書的概念編成的，將來自不同書籍的內容分門別類編排。《永樂大典》中保存了很多沒有在一般讀書人之間流通的古書，卻因此使得古書中難能可貴留下來的內容，被割裂放在不同地方，讓人們無法看見全貌。

因而朱筠提議重整《永樂大典》，將一些難得的古書內容收攏在一起，盡量還原其目次全貌。也就是從那樣由雜混來源構成的百科全書，轉換為一本書一本書自成單位的一套書，然後以「經」、「史」、「子」、「集」做分類。

這項計畫付諸執行後沒多久，乾隆三十八年，正值精力旺盛時期的皇帝就指示將計畫擴大，不再限於《永樂大典》的內容，而是將當下能找得到的所有書，全都聚攏在一起，並且進行校對、整理，再附加當代的解說與評論。

脫胎換骨之後的《四庫全書》，變成要將過去漢人歷史傳統中出現過的所有知識內容徹底做出整理，並加上乾隆朝的印記；就像乾隆皇帝大量蒐羅過去的古書畫，並樂此不疲地在他的收藏品上寫下自己的題記一樣。

10 中國士人在知識學問權威上一退再退

康熙朝就已經開始進行漢人傳統知識的整理，但沒有任何一項在規模與野心上，可以和《四庫全書》相提並論。不過《四庫全書》的根本精神，畢竟是從康熙皇帝那裡傳承下來的，也就是強調：一位滿清皇帝，正因為不是漢人，所以必須證明自己在知識與文化上有可以傲視、睥睨所有漢人臣民之處。

康熙、雍正、乾隆三朝創造了中國歷史上前所未見的現象——皇帝都是知識的熱切愛好者，都是權威的知識專家。乾隆皇帝極愛炫耀他的知識和文化成就，臺北故宮博物院中的收藏品，很大比例是在乾隆朝形成的。作為一位外族皇帝，乾隆驕傲地讓所有漢人看到：你們歷史上最好的東西現在都在我手中，我才有這種眼光判定「三希」，定出三種最珍貴、最稀奇的作品，[4] 也才會如此努力蒐羅保存。

4 乾隆皇帝將晉朝王羲之的《快雪時晴帖》、王獻之的《中秋帖》、王珣的《伯遠帖》視作三件稀世之寶，珍藏於養心殿內的西暖閣，命名為「三希堂」。

今天參觀故宮，一項困擾就在於——乾隆皇帝無所不在。連觀賞古代玉器都不得不對乾隆皇帝留下深刻印象，有一件玉器上他的題字顛倒了，原來他搞錯了玉器的形制用法。

我們可以討厭這樣的炫耀做法，卻不能忽視這種做法產生的巨大作用。藉由示範、炫耀皇帝的知識地位，皇帝同時掌握了「政統」與「道統」的領導權，實質上將朝臣在心理與精神的層面降等了。清朝皇帝不會像明朝皇帝那樣隨便殺大臣，也不會把他們的褲子脫了公開打屁股，但這絕不表示清朝的大臣在皇帝面前就比在明朝時的地位高些。滿清朝堂上，大臣一般必須跪著和皇帝說話，而一跪一坐的狀態對比，就反映了皇帝在權力上的壓倒性優勢。

宋代的士人在統治上是皇帝的輔佐，而在道德、知識上，他們自覺高於皇帝。明朝的士人尊嚴已經淪喪，統治上淪為佣人而不是輔佐，但在道德、知識上，面對像武宗、神宗那樣的皇帝，他們當然沒有任何理由再喪失自信。所謂「士節」，也就是在道德的是非上，士人擁有高度自信，願意以被皇帝懲罰、甚至被皇帝奪取性命來堅持、證明自己是對的。

明朝士人的基本態度是：我比皇帝更清楚什麼是對、什麼是錯，雖然我沒辦法阻止皇帝站到錯誤的那一邊，但我依舊堅持我的看法。還有，我依然支持這位皇帝，因為「忠君」也是我在道德是非上沒得商量的選擇。

明末士人的內在緊張太強烈了。他們自信擁有道德上的權威，然而取得這項權威的其中一項關鍵，就是他們嚴守「忠君」的道德信條，所以他們必須一方面不斷勸誡皇帝，一方面又始終維持著對皇帝徹底服從的態度。

到了清朝，至少進入朝廷裡的士人從這份高度緊張中解脫了出來。但康熙、雍正、乾隆三朝，皇帝的知識統合領導地位，卻將士人進一步繳械，放棄了在皇帝之前原有的知識權威地位。這也就埋下了清朝中葉之後的危機種子——沒有人能挑戰，甚至沒有人敢質疑皇帝的是非判斷，沒有人會在皇帝面前堅持不一樣的是非標準。

清朝從全盛到中葉時期，出現了「乾嘉學派」，愈來愈多讀書人不關心義理，只顧考證。外在政治環境的影響因素，除了經常被提到、被強調的「文字獄」寒蟬效應之外，還應該加上皇帝知識權威地位所產生的作用。明朝的皇帝加上宦官，曾經在士人身上加諸殘酷的打壓、欺負、折磨，其嚴重程度不下於清朝的文字獄，然而一直到明朝末年，士人並沒有因此放棄對於義理的追求。他們甚至以被皇帝打殺、被宦官迫害為自身義理是非的驗證。政權的威逼恐嚇，會刺激讀書人做出不同的反應，不必然就是屈服或逃避。

康、雍、乾三朝，中國士人在知識學問的權威上一退再退。先被康熙皇帝驚人的智識能力逼退了一步，再被雍正皇帝驚人的自信逼退了一步，還被乾隆皇帝驚人的氣魄與野心又逼退了一步，以至於退無可退，最終找不到自己在道德與知識上的定著點了。

11 侵犯皇帝獨斷權力的兩椿文字獄

雍正朝還發生了「謝濟世注大學案」，這一場文字獄不是那麼有名，而且看起來有點奇怪。因為其他的文字獄案件，都牽涉到對於明朝的效忠、懷念，或是對於滿清新政權的批評。但謝濟世這椿案子卻源自他以《禮記》中的古本來注解《大學》。重點在於他沒有採用通行的朱子版《大學》，沒有依循朱子的改訂，於是被一位滿人貴族、順承郡王錫保向皇帝參奏檢舉，罪名是：以注《大學》的形式毀謗程、朱。

案子由雍正皇帝親自定奪，上諭中說：

> 朕觀謝濟世所注之書，意不止毀謗程、朱，乃用《大學》內「見賢而不能舉」兩節，言人君用人之道，借以抒寫其怨望誹謗之私也。其注有「拒諫飾非，必至拂人之性，驕泰甚矣」等語。觀此，則謝濟世之存心昭然可見。(《清世宗憲皇帝實錄．卷八十二》)

檢舉的重點本來是謝濟世不依照朱子正統來解說《大學》，涉嫌輕蔑、詆毀程朱「正學」的權威，沒想到皇帝卻從裡面讀出對於自己在用人和受諫上的批評。

這件案子很可怕，因為很不合理。朝廷固然有律定朱子注的「四書」權威文本，但同時《五經》、《十三經》也在正統之列，謝濟世以《禮記》古本來注《大學》，實質上並沒有偏離正統。順承郡王的指控並不合理。然而首先這樣一件案子，竟然由皇帝親自評斷，而不是交由負責學問或教育的官員審查；再者，皇帝從《大學》裡明明有的一句話，以及謝濟世對這句話很正常的注解，竟然可以認定是對自己的毀謗，以一句「存心昭然可見」定罪。最不可思議的，是從頭到尾沒有其他大臣從學問上給予皇帝諫諍，不同意皇帝對謝濟世注解內容的看法。

這裡充分反映了皇帝至高無上的知識權威地位。還有一樁，是出現在乾隆四十六年的「尹嘉銓案」。尹嘉銓的父親尹會一去世時，為了表現孝道，已經退休的尹嘉銓上了奏章，請求皇帝給予尹會一一個謚號，同時請求將尹會一與包括范文程、李光地在內的其他五位開國以來名臣，一併配饗文廟。

這連續兩道上奏卻惹惱了皇帝，皇帝下旨要刑部治罪，罪名是「狂悖不法」。下刑部調查過程中，到尹嘉銓家中抄查他所有的書，從書中找出了這樣的句子：「朋黨之說起，而父師之教衰，君亦安能獨尊於上哉？」作為其「狂悖不法」的補充證據。

這話有錯嗎？麻煩在於乾隆的父親雍正皇帝寫過〈朋黨論〉，於是不顧尹嘉銓上下文的意思，就判定這句話是在批評雍正皇帝。

又查尹嘉銓曾自稱「古稀老人」，再加一樁證據。「人生七十古來稀」，這是再通俗不過的說法，怎麼會犯罪呢？因為乾隆皇帝寫過一篇〈古稀說〉，且正式頒布過，尹嘉銓竟然還敢稱自己為「古稀老人」，豈不是目中無皇帝？

此案交閣議，最後擬定的懲罰是：凌遲處死，家屬連坐。皇帝故示開恩，改成「絞立決」，終於還是將尹嘉銓殺了。

這案子完全不牽涉明朝，也沒有批評皇帝或朝政，關鍵重點在侵犯了皇帝的威權。誰能配饗文廟，是屬於皇帝的獨斷權力，大臣有意見就已經僭越了。更可怕的是皇帝的獨斷知識權力，皇帝寫了〈朋黨論〉，大臣就不能再議論朋黨；皇帝寫了〈古稀說〉，大臣就不能自稱「古稀老人」。

和謝濟世的案子一樣，過程之中沒有任何大臣從道德、學問的角度勸諫皇帝，反而在閣議時給出不可思議的嚴酷懲罰建議。類似的事情如果發生在明朝，一定牽涉到朋黨惡鬥，然而此時的清朝朝廷沒有朋黨，而是所有的朝臣一致認為皇帝永遠是對的。皇帝藉由誅殺恐嚇與控制知識道德權威，雙管齊下，取消了原先和皇權抗衡的士人傳統。

12 康雍乾盛世後，帝國進入離心力狀態

失去「道統」權威自信的士人，現實知識的能力愈來愈薄弱，他們的博學都運用在詳細考索

古籍上，愈是遠離現實、投入在古遠文字中，愈能得到朝廷、社會的認可與推崇。後來各種不同因素，包括突然出現在海岸上的西方船堅炮利力量，使得現實發生大變化、大動盪，這些士人根本無法應對、無法處理。

滿清前面的幾朝，統治狀況還可以靠勤勞且具備高度知識自覺的皇帝撐持著。然而愈到後來，皇帝在做決策時愈孤單，得不到群臣和文官體系的協助，別說沒有平等的勸諫，就連負責任的幕僚分析都無能提供，於是皇帝只能自己去分析、了解，去承擔一切政務。

雍正皇帝四十五歲才即位，一當上皇帝就沒有浪費任何時間，積極推動了許多政策方案。就像「廢藩」是康熙皇帝獨斷決定的，「地丁合一」的新財稅政策也是雍正皇帝獨斷決定的，總納「火耗」發給「養廉費」也是他獨斷決定的。雖然到了清末，這些政策產生了嚴重後遺症，但在當時的確是劃時代地突破了傳統政治上的局限。

從這個角度看，雍正皇帝其實比後繼的乾隆皇帝更具開創性；相對地，乾隆皇帝不管是開疆拓土或編《四庫全書》，毋寧都是在前人基礎上的延伸。也就是說，從乾隆朝開始，清朝政局就已經過了巔峰而往下走了。

自稱「十全老人」的乾隆皇帝，承襲康熙、雍正兩朝，到此累積了一百多年的太平時期，創造了中國歷史上少見的盛世——不是從武力擴張角度看到的盛世，而是從平民百姓生活面向上呈現的盛世。從農業生產、經濟發達、城市擴張各方面看，這一百多年都是光明輝煌的。然而在光明輝煌之中，潛伏了幾個難以應付的危機根苗。

最麻煩、最難應對的，是在沒有工業化突破的情況下，如何只靠農業生產支持不斷快速膨脹的人口，尤其人口是在幾乎不受朝廷監管的情況下爆發性增長的。其次，經過了雍正皇帝的改革之後，地方官員能夠擁有的資源大幅增加，和中央朝廷的力量此長彼消。第三個問題則是在統治決策上，皇帝無法分權、授權，當情勢複雜又緊急時，中央決策只會顯得愈加拖沓、無效。帝國進入一種離心力作用的狀態中，而且其作用愈來愈強，隨著時間推移，中央愈來愈虛空、愈來愈脆弱。

第四講

變化中的滿漢文化互動

01 章學誠的「六經皆史」說

章學誠是清代前半葉重要的學術大家，在他的經典著作《文史通義》中有這麼一段話：

天人性命之學，不可以空言講也。……故善言天人性命，未有不切於人事者。三代學術，知有史而不知有經，切人事也。後人貴經術，以其即三代之史耳。近儒談經，似於人事之外，別有所謂義理矣。（《文史通義．內篇五》）

這段話明確指出所謂「義理」，就是討論具體人事的道理，所以經書真正的性質，就是古人對於具體人事的記錄與探索。可是到了後世，卻將「義理」和人事分別開來，「義理」變得好像可以、應該獨立於人事之外存在，比人事高，也與人事無關。

章學誠強烈反對這種研究經學、學習「義理」的方式，所以他在《文史通義》書中提出了一個劃時代的新觀念——「六經皆史」。用他自己的語言解釋，重點在於：「古人以學著於書，後世即書以為學」。

以前的人是將從具體的人與具體的事上所學習到的道理寫在書上；後世的人卻只學習書上所

寫的，忽略、忘記了這些知識的來源，和具體的人、具體的事脫節了。

經書為什麼如此重要，地位這麼高？一般人認定的，那是因為經書中記載了真理。然而章學誠卻主張，經書記載的不是真理，而是過去的人如何體驗、如何追尋，因而找到了什麼樣的教訓與道理。也就是說，經書也是古人經驗的記錄，和後世所謂的「歷史」是同一回事。

我們可以藉由「六經」中記錄的內容，了解「六經」產生的那個時代所發生的事，但不必然那個時代所發生的事會是到今天顛撲不破的真理。在《文史通義》中，章學誠又說：

> 捨今而求古，捨人事而言性天，則吾不得而知之矣。

性與天這一類的「義理」探討要有意義，當然應該回到現實、現在，而不是專注在討論古人，討論抽象、空洞的狀態。

「六經皆史」的主張，要逆轉「經」與「史」，或說普遍真理與歷史知識之間的重要高下判斷。宋明理學因應佛教的挑戰，同時借用了許多佛教的觀念與思考方法，其基本追求明確地朝向普遍真理。理學中談「理」和「氣」，氣是現實的、駁雜的，因而只能是「理」的材質，甚至是「理」的妨礙，重要的是如何去除「氣」的干擾，而精煉得到「理」。

也就是從儒學到理學，有著一貫的偏見，認為最高的真理已經由聖人在極古的時代發現了，並且曾經創建最接近真理的社會，而歷史就是從那樣的黃金時代不斷墮落的過程。所以要「求古」，並不是為了瞭解古代發生了什麼事，而是要探求聖人發現的真理到底是什麼。

章學誠的主張，卻要將這樣一個中國讀書人在幾百年、上千年來認定的學問主流，予以重新定義、重新排序。他認為從具體的人與事中能夠得到的經驗，及從中獲取的道理，才是第一序的、最重要的。至於前人記錄在書裡、他們所得到的道理，相對是第二序的。經書裡比較重要的，不是那些抽象的道理，而是具體的歷史經驗記載。我們也應該走過那樣的一條路，從經驗中去提煉道理，那才是離開了古代現實，對於當下具體的人與事的理解和對應，都有意義、都有幫助的道理。

02 乾嘉學派大盛，孔孟權威高過程朱陸王

「六經皆史」是一個劃時代、革命性的主張。不過從另一個角度看，章學誠之所以得到這樣的思想突破，必然和他所處的時代，以及那個時代的知識氣氛與學術脈絡有關係。

時代背景中有一些條件，提供了章學誠思想的基礎。其中一項是「乾嘉學派」。這個新時代的學術主流，其源起必須追溯到明代愈演愈烈的理學內部的「程朱」與「陸王」之爭。雙方相持

不下，為了在論點上壓倒對方，就必須尋求能夠證明己方說法才是「孔孟本意」的證據，而對方則偏離了「孔孟本意」，所以是錯的。於是重點就轉移到如何決定古書中字句的根本、真實意思，繼而形成「考證」精神的躍動。

「乾嘉學派」大盛，吸引了眾多一流人才進入這個領域，努力考索古文中一字一句的來歷與變化。然而弔詭的是，就算真的做出扎實的考據成績，也絕對不可能依照原本「程朱」和「陸王」學派爭執時所想像的，如此就得以解決理學的問題，讓理學得到定於一尊的權威。

真正發生的情況是，考證使得人有把握還原「孔孟本意」，那就不必在意後來的「程朱」或「陸王」學派做出怎樣的解釋。孔孟的權威當然高過「程朱」、「陸王」，所以考證的發展是讓作為古代儒學解釋權威的理學沒落了。取而代之的，是一股知識上的衝動，要跳過宋明理學，甚至跳過漢唐，回到先秦去理解孔孟思想與經書中的意義。

回歸先秦，也就必然要還原先秦複雜的文字運用與思想發展的環境。不只是孔子的思想與墨子有著互動關連，不只是孟子曾與莊子、惠施同處於梁惠王之廷，甚至《五經》中的字句內容，都和周代古人的生活有著密切關係。

先秦的學問離不開先秦的歷史。這樣的體認，又和明朝滅亡之後，部分士人如黃宗羲、顧炎武等人的反思扣搭在一起。他們對於明朝滅亡有著一份自咎體認，痛悔那個時代的士人空談心性而忽略「實學」。「實學」是從具體現實經驗中的真切體會，而不是靠著閱讀古人字句或空談想像所得到的歸納道理。

明朝滅亡的過程，士人深深介入其中。從東林黨爭一直延續到好幾個「南明」朝廷的苟延殘喘，都還停止不了這樣的鬥爭。對於流寇和滿洲的問題，拿不出具體的解決辦法，卻在過程中提出無數個慷慨激昂卻毫無可行性的意見，彼此吵了無數次的架。而從流寇到滿清到南明，這是個拉長了的滅亡折磨，逼得身歷其境的士人不得不痛苦反省。

於是到了清朝，「實學」成為新的關鍵詞，而跳過宋明、甚至跳過漢唐，回歸先秦知識，被視為建立「實學」的一條重要途徑。

03 從王夫之到顏習齋的「實學」新途徑

經歷明朝滅亡，曾深切反省明亡的王夫之說：

天下之用，皆其有者也。吾從其用而知其體之有，豈待疑哉？……故善言道者，由用以得體；不善言道者，妄立一體而消用以從之。……施丹堊於空虛，而強命之曰體。……則何如求之感而遂通者，日觀其化而漸得其原也哉？故執孫子而問其祖考，則本支不亂；過宗廟墟

墓，而孫子之名氏其有能億中之者哉？（《周易外傳．大有》）

在「體」與「用」的比較評斷上，過去都認為「體」是根本、「用」是衍生的，所以前者比後者重要。然而王夫之相對強調，必須從「用」才看得到「體」；離開了「用」，就沒有真實、真切的「體」，那樣得到的「體」等於是虛構捏造的。從觀察現象找到變化的通則，追索源頭，如此找到的「體」才是正途。

他打了一個比方，如果我們從流衍下來的子孫去扣問，可以完整地推源回祖先系譜（就像由「用」回頭推「體」）；倒過來，如果我們找到一個先祖的墳墓，有可能推測出他的子孫系譜嗎？（就像先建立一個「體」再去推衍「用」。）

真正要追索道理，就應該從具體的東西開始，而不是假設一個道理，再用這個道理去規範事實。先假設本體，再去推想如何運用、流行在這個世界上，不可能得到準確的知識。

雖然程朱、陸王學派的爭執中，很重視分辨儒家（或理學）與佛教的差別，然而在宋明理學的大環境中，這其實是講不清楚的。因為理學借用了太多佛教的概念與思考方法，雙方互相攻訐往往只是五十步笑百步。要到明朝滅亡之後，才有更激烈擺脫理學的態度，強調具體的事物更重要，從具體出發，去整理歸納抽象的道理，才是對的程序，而不是倒過來。如此才真能與佛教認定有先天、先驗的輪迴與因緣論理方式區別開來。

王夫之進而對宋明理學的知識系統與學術脈絡進行了大幅修改。他說：

夫性者，生理也，日生則日成也。則夫天命者，豈但初生之頃命之哉？……夫天之生物，其化不息，初生之頃，非無所命也。……幼而少，少而壯，壯而老，亦非無所命也。……形日以養，氣日以滋，理日已成。方生而受之，一日生而一日受之。……故天日命於人，而人日受命於天。（《尚書引義．太甲二》）

他根本否定了「性」是固定的、靜態的，將「性」視為加入時間因素之後的變化總和。現實的人時時都在改變，而你的任何改變，從童年到少年，少年到成年、老年，都是你的「性」與「命」。「性」並不是上天賦予你，然後在你身體中就固定不動的，沒有這種「性」。這種靜態的「性」是假想、虛構出來的，真正的「性」只能從時間中、從有變化的具體生活現象中去推求。

王夫之將「天」的道理放入時間中，或說加入了時間的因素，凸顯了「化」。這和後來章學誠所說的「六經皆史」，將經書的抽象道理改造為有時間性的歷史，是同樣的思想動向。

清初的另一位大儒顏元（號習齋）比王夫之還更重實在。他甚至說：

必破一分程朱，始入一分孔孟，乃定以為孔孟、程朱，判然兩途，不願作道統中鄉愿矣。（李塨《顏習齋先生年譜．卷下》）

又說：

請畫二堂，子觀之：一堂上坐孔子，劍佩觿玦雜玉，革帶深衣。七十子侍，或習禮，或鼓琴瑟，或羽籥舞文，干戚舞武，或問仁孝，或商兵農政事，服佩亦如之。壁間置弓矢、鉞戚、簫磬、算器、馬策、各禮衣冠之屬。一堂上坐程子，峨冠博帶，垂目坐如泥塑，如游、楊、朱、陸者侍，或返觀打坐，或執書吾伊，或對譚靜敬，或搦筆著述。壁上置書籍、字卷、翰研、梨棗。此二堂同否？（《顏習齋先生年譜・卷上》）

很形象化的對比，鮮明地標示出非但「程朱」不等於「孔孟」，而且只有去除「程朱」，才能學習到「孔孟」的精神。孔子的堂上是活潑、活躍的，都是具體有用的東西與行為，在具體的事務上學習，而且學習的項目範圍很廣。程子的堂上則是死氣沉沉，老師靜坐在那裡，簡直像座木頭雕像一樣，學生做的也都是背書或討論「靜」、「敬」，堂中看得到的都是和寫字、書卷相關的東西。這兩種環境截然不同！

顏元更直接開罵：

況今天下兀坐書齋人，無一不脆弱，為武士、農夫所笑者，此豈男子態乎！（《存學編・性理評》）

以此知心中惺覺，口中講說，紙上敷衍，不由身習，皆無用也。（戴望《顏氏學記・習齋一》）

這些老是在書房裡讀書搞靜坐的人，身體虛弱，和武士、農夫相比，簡直算不上是男人的姿態。他們不用身體，不重實踐，只用想的、用感覺的，然後用講的、用寫的，沒有實際的身體學習經驗，所以都沒有用。

04 戴震：否定「理」是一種徹底無「情」

章學誠給自己取的字叫做「實齋」，特別標榜「實」。「學誠」這個名字原本充滿了道學氣，所以他為自己進行修正，加上對於「實」，即實學、實踐的強調。

到了戴震，就進一步挑戰宋明理學中不管是哪一派的共同底線，那就是「欲」和「情」。這兩者本來在理論上都是和「理」對立的。「情」是「已發」，受了刺激而產生欲望，所以無法再維持「未發」之前的純粹，而帶著駁雜的性質。「未發」之前是天理充滿，「已發」之後就變成人欲流行，有些刺激使人憤怒，有些刺激使人激動，有些刺激使人貪欲，有些刺激使人悲傷……

然而在《孟子字義疏證》書中，戴震卻說：

理也者，情之不爽失也；未有情不得而理得者也。……天理云者，言乎自然之分理也；自然之分理，以我之情絜人之情，而無不得其平是也。（《孟子字義疏證．理十五條》）

這是倒過來用「情」來定義「理」。所謂的「理」，不過就是描述、形容「情」在剛剛好沒有過分的狀態。「理」是自然的平衡分配，放在人身上，就是「己所不欲，勿施於人」、「將心比心」的平均人我考量。

理學本來認定有一種絕對的善，稱之為「理」，所以要講究「敬」、「靜」，讓人排除了「情」，回復到「理」的純粹狀態。修養的主要內容就是控制「情」，進而取消「情」。戴震卻從「情」不可能取消為前提，否定了「理」是一種徹底無「情」的狀態，而是當「情」是平衡的，沒有偏私、沒有自我中心時，那就是「理」。

「理」不過是在人世的各種具體事物間一種應有的相關位置與互動的狀態。「理」所規範的是「情」的平衡，不過激、不衝突，而不是取消「情」。於是戴震讓「理」與「情」，或「理」與「欲」不再是對立的。節制「情」到剛好的程度，就變成了「理」，兩者之間是程度的差別，而不是兩樣截然不同的東西。

戴震也明白批判宋明理學中建立的「君子」標準：

謂「不出於理則出於欲，不出於欲則出於理」，其言理也，「如有物焉，得於天而具於心」，

於是未有不以意見為理之君子。……此理欲之辨，適成忍而殘殺之具。（《孟子字義疏證．權五條》）

雖視人之饑寒號呼，男女哀怨，以至垂死冀生，無非人欲，空指一絕情欲之感者為天理之本然，存之於心。及其應事，幸而偶中，非曲體事情，求如此以安之也。（《孟子字義疏證．權五條》）

如果將「理」和「欲」視為相反的兩件事，「理」就變得和人的實際生活脫節、無關，像是在實際生活之外，存在一個「理」，因為沒有具體根據，所以這種「理」都是這些「君子」自己想像創造出來的，明明都是「意見」。而且排除了具體生活，這種「理」促使「君子」變得格外冷酷無情。他們認為所有的痛苦都來自「情」或「欲」，都是應該被消滅才能到達「理」的，所以不會產生任何同情。這樣的「君子」在真實世界中無法處理事情、解決問題，揮舞著「理」當作殘忍待人的藉口和工具。

05 缺乏思想工具的實學走向考據之路

王夫之、顏元、戴震到章學誠，他們用不同的方式講出一種共通的立場——離開了具體事物去假設一個「理」，認為可以不必管具體事物單純去追求「理」，是空洞的、荒唐的。

這樣的「實學」立場尤其要求對於人事的認識與理解，明顯源自於明朝滅亡帶來的痛感。回頭看，明朝的士人如此衰弱，每個人口頭上都將「理」說得煞有介事，但現實中不在意生民的痛苦，沒有一點行動能力。對治這個已經釀成大禍的根本毛病，就必須讓士大夫、讀書人真正了解人，從具體的「情」與「欲」上知覺、感受人。

在這裡躍動著很不一樣的知識學問精神，似乎要導向一種正視現實的個體或集體心理學。但他們針對「理學」回顧批判時很明白、很尖銳，相對要建立新的學術方向時，卻找不到新的語彙、新的觀念來予以落實。

例如最強調「實學」的顏元，他用來表達自我終極理想的仍然是古舊的文字：

> 如天不廢予，將以七字富天下：墾荒、均田、興水利；以六字強天下：人皆兵、官皆將；以九字安天下：舉人材、正大經、興禮樂。（《顏習齋先生年譜．卷下》）

而在他的著述中，他的注意力還是放在討論「聖人明其然也，是以畫衣冠，飾黼黻，制宮室，第宗廟，辨車旗，別飲食」（《習齋記餘》）這一類「禮樂」如何建立的問題，而不是去探索如何才能更有效地認識真實的人，給予「實學」一個具體的起點。他的「實學」進行方式還是回到書本上，去還原「聖人」如何建立制度，而不是檢討當下環境，提出對自己時代的認識，區別、比較當今之世與聖人之世有什麼具體差別，所以什麼樣的制度才適合當今之世的需求。

「實學」在清初缺乏足夠的思想工具與探索邏輯，可以真的進行事實的蒐集與分析，因而對於「實學」的討論，終究還是回到書本上，尤其是古典書籍的理解上。

乾嘉學派是這項「實學」價值的一種表現。他們的「實」是對應於明朝士人的空談，以及自以為對應於「理」的各種想像虛構。相較於後來從西方傳入的科學，乾嘉年間的考證學很無聊也很空洞，所有的工夫都投放在書本文字上；不過對應明代的思想，乾嘉學風很「實」，字字句句都有來歷，每項看法都有根據，不是出於自己的臆測主張。然而如此「求實」也只是一種逃避，不能落在實事上去講求，又回到書本上。

明朝所有士人都在科舉牢籠中，科舉之外有文人，但文人不進官場而靠賣文、賣字、賣畫為生，不管本事多高，總是被視為非正統，地位就是低了一等。但在清朝，這些博學之士，尤其以從事考據彰顯其驚人博學掌握的人，仍然可以得到朝廷的禮遇、甚至重用，於是一些有錢人家，除了原本培養子弟從事舉業（即科舉考試）之外，多了另一項可能性。以家中的財力買書藏書，有比別人更優越的條件能夠長養出博學的子弟，投身於考據學中，在社會地位方面不輸舉業士人，還有機會得到朝廷的肯定。

江南此種風氣特別盛，在豐厚的經濟資源支持下，主要城市裡的大家族，紛紛將子弟送上這條博學考據之路，其能夠得到的尊崇，有時還高過了傳統的科舉。

06 從舉業士人角度寫成的《儒林外史》

在這樣的歷史背景中，產生了吳敬梓的小說《儒林外史》。

《儒林外史》是一部關於讀書人的小說，最大的意義在於，並不是從小傳統中遠遠去窺看、探測讀書人，用說書人的口氣戲謔或諷刺文人；也不是像《水滸傳》那樣，從不參與舉業或舉業失敗者的角度側寫讀書人。《儒林外史》採取的是一個純粹內在於舉業士人環境的角度，來刻寫到底什麼是舉業，以及舉業的各方面作用與影響。

吳敬梓來自一個很有成就的舉業家族，往上溯到他之前三代，一共出了六位進士，包括一名探花、一名榜眼，因而他年輕的時候家境狀況極好，「五十年中，家門鼎盛，……子弟則人有鳳毛，門巷則家誇馬糞。」（《文木山房集．移家賦》）半個世紀裡，好像他們家裡的小孩生來頭上就長著鳳毛，連他們家的馬拉了大便，別人都要巴結地說：「好棒啊！」

出生在這種家庭，被認為理所當然在科舉路上會有很好的成績，但吳敬梓顯然不符合期待，考取秀才後，鄉試卻一直考不過，後來索性放棄考試。程晉芳的〈文木先生傳〉形容他的生活：

乃移居江城東之大中橋，環堵蕭然，擁故書數十冊，日夕自娛。窘極，則以書易米。或冬日苦寒，無酒食，邀同好汪京門、樊聖謨五六人，乘月出城南門，繞城堞行數十里，歌吟嘯呼，相與應和。逮明，入水西門，各大笑散去。夜夜如是，謂之暖足。余族伯祖麗山先生與有姻連，時周之。方秋，霖潦三四日，族祖告諸子曰：「比日城中米奇貴，不知敏軒作何狀。可持米三斗、錢二千，往視之。」至，則不食二日矣。

家裡日漸貧窮，主要的財產就是書，以看書打發日子，等到沒錢了，就只好賣書去換米。冬天寒冷，無法飽食或飲酒來驅寒，就找朋友一起在夜裡出城，繞著城牆一圈一圈走，邊走邊吟嘯唱歌，因為在城外不會吵到人。天亮了才又進城，幾個人大笑後散去。冷天夜裡就這樣度過，叫做「暖足」。

程晉芳的族裡長輩和吳敬梓家有姻親關係，不時會去周濟他，想起來會對兒子們說：「啊，最近城裡的米又漲價了，不知道吳敬梓如何度日？」要他們帶著三斗米、兩千錢去看他。到了才發現，果然因為米貴，吳敬梓已經兩天沒飯吃了。

吳敬梓有充分的舉業內部觀點，可以清楚告訴我們，自唐代以來一直和士人生活關係最密切的這套制度，累積了長期的高度扭曲力量，到清中葉時，其實已經明顯動搖了。科舉的動搖和後來中國中心觀念的崩潰到瓦解，有著直接的關係。

07 科舉中人充滿私欲欺瞞的虛偽人生

究竟是哪些因素動搖了科舉制度呢？

首先是考據學的興起，使得舉業不只不再是士人的唯一選擇，而且拉低了原本在明朝舉業成就的地位。《儒林外史》以元朝末年王冕的故事開端，吳敬梓更以王冕拒絕科舉的態度自況，將王冕刻劃為不只是瀟灑，還有著比一般士人更真切的道德自我，應該得到更高的尊崇。

和王冕的故事同等深入人心的，還有「范進中舉」（第三回）。吳敬梓能將這場鬧劇寫得如此精彩，一方面固然靠他的文學之筆，另一方面也是因為社會上對於「中舉」這件事的準備、期待到對待反應方式，真的已經扭曲到極度不正常的地步。科舉制度的高度不確定性，對一個人社會地位的激烈翻轉程度，使得牽涉在其中的人都有著精神疾病的症狀。整個科舉的放榜場面，就是一連串的昏亂攪擾，讓所有的人都忽忽如狂。

《儒林外史》寫科舉，同時寫和科舉相關的這些士人、官員們的不正常生活。要過那樣的生活，當然不可能遵照他們所讀的聖賢書裡給予的道德訓令與指示，於是更根本的弊病就在於這些人都無法、也不可能過一種誠實的生活，終日在虛偽與自我欺瞞中混日子。

《儒林外史》並不是像《三國演義》或《水滸傳》那樣來自說書的傳統，是說書人一代又一代累積出來的故事集，也不是像西方長篇小說要寫一個有頭有尾有中腰的完整故事，而是一個看透了舉業的人，幫我們從內在呈現戴上舉業眼鏡所看到的歪七扭八世界。

書名叫做《儒林外史》，這「外」字有兩層意思。一層是謙卑地表示這是對於「儒林」的非正式記錄，選擇這些人是跟隨著正史中有「儒林傳」的標準，不過自己寫的當然不能入歷史之法眼，只能是「外史」。還有另一層意思，就是所記錄的事跡在常理之外，不是我們一般人、一般正常生活中會有，能夠用日常之理去理解的，那是圍繞著舉業而產生的各種光怪陸離現象。

從結構上看，《儒林外史》很混亂，沒有貫串的主角，也沒有明確的敘事主軸。勉強只能說採用了一種「打彈子」的方式來安排小說敘事，從一個人引出另一個人，轉而說另外這個人的故事，等到他又遇到了別人，故事又再轉去那個人身上。這樣的方式使得讀者讀了後面就很難記得前面寫過什麼，而且小說要寫誰、不寫誰，總共要寫多少人的故事，都沒有必然性。不過如果我們將吳敬梓所寫的看作是一連串的社會評論，那麼這樣的敘述結構自有其合理性。

他用不同的人物引出不同的社會問題，面面環繞著一個不變的中心，那就是科舉中人如何背離所讀所學的道理，過他們充滿私欲與欺瞞的虛偽人生。

雖然寫的是小說，但吳敬梓的態度反而最接近顏元或戴震他們所提倡的「實學」。他是在做具體的社會調查，在進行詳細的社會記錄。顏元或戴震這些人沉浸在大傳統中，無從獲得、甚至無從尋覓思想資源，讓他們接近具體的人事，也就是我們今天說的「社會」，所以他們的「實學」觀念最終只能退回到書本裡進行。

吳敬梓走了另一條很不一樣的路，從原本大傳統的邊緣地帶，採取雖然使用文字但被視為不正統、不入流的小說形式。吳敬梓再將小說文人化，比描述富商淫亂生活的《金瓶梅》更文人，直接以文人為小說處理的對象。

以此，吳敬梓得到了開創性的突破成績，細膩且忠實地刻劃了文人與舉業之間不見得那麼堂皇光明的關係。可惜《儒林外史》的開創性並沒有能號召後續者，一來是自身小說形式不成熟，二來是缺乏一種討論集體現象的方法，只能停留於個別人物的跳躍式呈現。吳敬梓的小說變成了曇花一現的孤例，要等到清末最後十年，才有「譴責小說」隔代傳承、開展其形式與內容。

08 從《牡丹亭》到《聊齋誌異》

清代文人在科舉之外的發展成就，還有蒲松齡完成了《聊齋誌異》。《聊齋》的內容主題，可以明確追溯到明代重要的戲曲作品——湯顯祖的《牡丹亭》。《牡丹亭》寫的是「人鬼戀」，活人愛上了死去的鬼魂，不只將這場「人鬼戀」寫得活靈活現，而且還創造「人鬼戀」的大團圓結局。簡化地說，《牡丹亭》揭示了一種可能性：原來愛與性可以超越終極的界線，讓鬼還魂回到人間。

這是多麼大膽、極度的「一廂情願」主張。《聊齋誌異》承襲了這樣的「一廂情願」，在《牡丹亭》和明代志怪小說的基礎上，更加恣意發揮，也就是更加「一廂情願」。「人鬼戀」最好寫、也最難寫。寫鬼可以不受現實限制，寫得天花亂墜，寫得「一廂情願」，畢竟誰都沒有見過鬼、沒有愛上鬼的經驗；但寫人愛上鬼，而且要寫得有說服力，讓人能夠相信，卻是件極不容易的事。

人不應該愛上鬼，人怎麼可能愛上鬼，鬼和人之間如何能有緊密的連結？這是「人鬼戀」的不可思議之處，也是「人鬼戀」提供的強烈戲劇性張力。湯顯祖的《牡丹亭》之所以成為經典，除了開創崑曲的新形式之外，就在於將「人鬼戀」寫得那麼入骨、那麼精彩。

《牡丹亭》大為風行之後，引動潮流，在明代出現了許多志怪小說。小說中所志之怪，最常見的就是「人鬼戀」，尤其是女鬼如何吸引男人的故事。從一個角度看，《聊齋誌異》承傳了從《牡丹亭》到志怪小說這一個寫作脈絡，而蒲松齡將這個寫作形式發揮到淋漓盡致。但換另一個角度，我們又會發現，蒲松齡所寫的竟有和這個寫作形式格格不入之處。

同樣是寫鬼故事，比《聊齋誌異》稍晚一些，還有另一本傳世的名著，那是紀曉嵐的《閱微草堂筆記》。若用慣常的看法，很自然會將《閱微草堂筆記》和《聊齋誌異》歸在同類，但顯然紀曉嵐自己並不同意這樣的看法。

紀曉嵐對《聊齋誌異》很有意見，他說：

> 《聊齋誌異》盛行一時，然才子之筆，非著書者之筆也。……小說既述見聞，即屬敘事，不比戲場關目，隨意裝點。……今燕昵之詞，媟狎之態，細微曲折，摹繪如生，使出自言，似無此理；使出作者代言，則何從而聞見之，又所未解也。（盛時彥《閱微草堂筆記．姑妄聽之．跋》）

紀曉嵐不知道該怎麼讀《聊齋》，《聊齋》的寫法和他自己的《閱微草堂筆記》完全不一樣。紀曉嵐心目中的「小說」就是「筆記」，也就是將自己經歷的、或自己聽來的記錄下來，這叫做「筆記」，也就是「小說」。他將《聊齋》當「小說」看，產生了不可解的困惑，不能理解

《聊齋》裡那些「燕昵之詞，媟狎之態」從哪裡來的。「燕昵之詞，媟狎之態」是文雅的說法，直白一點講，就是關於親密性愛的種種描述。

紀曉嵐懷疑這些內容怎麼來的？故事裡面的人自己告訴別人的？可能嗎？還是作者知道的，所以代替故事裡面的人說出來？但作者怎麼能親身經歷或聽到這樣私密的內容呢？

對於紀曉嵐的問題，我們看了會覺得啞然失笑，心想：滿腹學問的大學士啊，怎麼會連這樣的問題你都想不懂呢？那是蒲松齡想像出來的啊！這裡牽涉到紀曉嵐和蒲松齡生命情調的根本差異，也正彰顯了蒲松齡及其《聊齋》最為獨特之處。

09 高度感染力的文字，愛與性的許多變形

在中國的文人寫作傳統上，《聊齋誌異》有著高度的異質性，毋寧最像我們今天對於現代小說的認知。小說是什麼？小說是一個作者運用其想像力所寫出來的作品，小說的高下關鍵就在考驗作者的想像力。紀曉嵐不懂這種價值，他寫《閱微草堂筆記》的動機完全不一樣，是為了要展示、炫耀自己的知識與見聞，看過這麼多奇奇怪怪的書，又認識這麼多告訴他奇奇怪怪故事的

人。他將《聊齋誌異》看成同樣的東西，所以有那些質疑，他真的看不下去、也看不懂《聊齋誌異》。

應該是秉持著同樣的誤解吧，後世替蒲松齡編造了一個《聊齋》故事的來歷，說他有段時間在街上擺攤，請人家喝茶，願意說故事的就可以坐下來喝杯茶，然後他再將聽來的故事改寫為《聊齋》裡的篇章。

蒲松齡的人生際遇和紀曉嵐大不相同。紀曉嵐是從小會讀書的好學生，很自然得到「博學鴻儒」的名聲地位，成為乾隆皇帝最看重的博學者，他的思想裡充滿來自「博學」的各種框架。在科考方面，蒲松齡比吳敬梓更糟，他一直留在這條路上，卻遲遲沒有進展。他缺乏自知之明，也是時代環境的力量大到壓過了人的個性與能力，讓他無法放棄希望，徹底從這條路離開。但科考的不順利，使得他開發了自己的一個「一廂情願」的世界，紀曉嵐這種博學鴻儒無法理解的世界。

讀《聊齋誌異》便曉得，蒲松齡最大的長處在於寫具備高度感染力的描述文字，但這樣的風格必定無法在要求套式說理的科舉考試上獲得高分。《聊齋》從既有的「志怪」傳統脫化而來，然而在《牡丹亭》的影響下，有一種和「志怪」很不一樣的精神，那就是將故事中的鬼、狐異類之屬寫得如此親切、如此人性。

蒲松齡的「一廂情願」就在於他想像出來的這個世界很大，這個世界中有人、有狐、有鬼、有妖，而他們彼此之間不是絕對分隔的，所以人會遇到狐、狐會遇到鬼、鬼會變成妖。他真正關心、並運用了最精彩想像力的，是如何讓這樣的四個不同存在形式相遇、錯雜、混同。更驚人的是，他想像建構出的相遇、錯雜、混同最大的力量是愛與性。這純粹出於他的虛構想像力，和任何人的現實遭遇無關，卻對忌諱談論愛與性的中國傳統帶來了現實的衝擊。

《聊齋》的四百九十一個故事中，出現了愛與性的許多變形，同時也展現了：原來人間的愛與性是如此多樣、多變，不是倫理規範中呈現的那樣單純、單一。例如「封三娘」，在中國傳統中一點都不典型，是極其少見的、明白的女同性戀故事。雖然這一對女同性戀的感情還是需要一個男人的仲介，然而蒲松齡在其中創造了和過去中國讀書人所習慣、所熟悉的，確切不同的異質世界。

因為他寫的小說太特殊了，在當時沒有現成的類別可以安放，只好歸入「筆記」類，也才產生了說他如何在街上蒐集故事的傳說，以符合「筆記」性質的要求。一般的「志怪筆記」對於鬼怪的態度是恐懼或嫌惡的，但《聊齋》的態度很明顯不是如此。在蒲松齡筆下，對於人以外的這些異類，是帶有高度同情、甚至嚮往的。讀《聊齋》不必然讓人怕狐、怕鬼，想要躲避狐或鬼可能出現的環境，相反地會使人錯亂地恨不得自己能化身為被狐魅惑、與狐相戀，並為狐所報恩的書生。狐或鬼不見得比人可怕，不，大部分的故事中，狐或鬼比現實裡的人要可愛有趣得多。

蒲松齡的《聊齋誌異》成功地塑造了一個果報的世界，人與狐與鬼會在果報的力量中互變，而且他採用了充滿感情的描述，不是那種說話人的外在口吻，而是由內而外的表達。

中國傳統文學中第一人稱的自述高度發達，相對地，較少有第三人稱的感受性敘述語言。西方古典文學起自史詩、悲劇，追求高度戲劇性感染力，荷馬史詩《伊里亞德》講述阿基里斯的故事，閱讀時我們會強烈感受到阿基里斯不可抑扼的憤怒。索弗克里斯的悲劇《伊底帕斯》中，有效地讓讀劇本的人都被伊底帕斯的終極傷痛震撼了。在這方面，《聊齋誌異》可以說是異軍突起，具有獨特難得的成就。

10 反映清朝文人文化特殊發展的《紅樓夢》

當科舉不再完全占有士人的生活，他們得以在別的領域發揮文才。曹雪芹寫《紅樓夢》是另一個明顯的例證。

曹家長年擔任「江寧織造」，是清朝宮中的重要職務，和皇帝極為親近。康熙皇帝六次下江南，有四次由曹家參與承擔了主要的接待工作。然而在曹雪芹十多歲時，曹家遭難，快速沒落，在江南待不住，搬到了北京，過著和之前有如天壤之別的敗落生活。曹雪芹以年少在富裕環境中培養出來的優秀詩文才能，放棄所有的科考與公職追求，累積幾十年的努力，念茲在茲要將繁華記憶保存下來，才有了《紅樓夢》。

在北京時期，和曹雪芹來往最密的有敦敏、敦誠兄弟。敦敏有一首詩〈贈曹雪芹〉，說他「尋詩人去留僧壁，賣畫錢來付酒家」，形容他生活沒有保障，以及「燕市狂歌悲遇合，秦淮殘夢憶繁華」，凸顯在他的人生中，沒有比回憶過往南方所經歷的生活更重要的事。

敦誠也有一首詩〈寄懷曹雪芹〉，說「勸君莫彈食客鋏，勸君莫扣富兒門」，叫他不要再去拜託請求那些有財富、有權勢的人；「殘杯冷炙有德色，不如著書黃葉村」，過得窮一點，卻可以保有骨氣，還可以活得更有意義，那就是將自己想寫的書努力寫出來吧！

敦誠的〈輓曹雪芹〉詩中說：「四十年華付杳冥，哀旌一片阿誰銘；孤兒渺漠魂應逐，新婦飄零目豈瞑。……」顯示曹雪芹四十多歲就去世了，幼子也夭折，只留「新婦」無人照顧，他的《紅樓夢》也沒有寫完。

與曹雪芹如此友好的這兩兄弟是清朝的宗室，而曹家之所以能有一甲子的繁華，讓小時候的曹雪芹留下一生難忘的印象，一部分原因在於他們屬於八旗中的正白旗「包衣」。

「包衣」是服務皇家的，得到皇家特別信任，因而擁有高於一般漢人的地位，甚至成為顯宦望族。但也因為權力與待遇來自皇室恩遇，沒有穩固的保障，一旦失寵也就徹底垮臺。

為曹雪芹續寫《紅樓夢》的高鶚有著類似的出身，屬鑲黃旗「包衣」。從這個角度看，《紅樓夢》清楚反映了清朝文人文化的特殊發展。那樣的生活結合了財富與文化，將傳統文化中的琴棋書畫推到細膩發展的最極致，甚至落實在少年少女的日常生活中。這只有在清朝皇室貴族組織的變化推移中才有可能出現。

也只有在那樣的政治社會結構中，提供了沒落大戶子弟曹雪芹完全不求仕進，將自己一生中最主要的光陰，都花在以文字追懷、記錄美好往事的空間。

11 個人主義精神的萌芽與士人官僚的挑戰

科舉還在，科舉士人階層還在，然而經過了康、雍、乾三朝皇帝的氣勢逼壓，士人的道統自信消失殆盡，不再可能憑恃著「道統」去對抗「政統」，於是士人階層變成了皇權底下的一個附屬機構而已。表面上看來依舊存在，但其精神已經大幅淪落。

相對地，士人在科舉之外有了新的開拓。一是考據學，讓博學之士能自認為在進行新時代的「實學」；一是像吳敬梓、蒲松齡、曹雪芹等人，將原本民間的小說形式進一步文人化，誕生了看似承襲明代小說發展、實質上性質與成就都不可同日而語的新領域。

這兩個領域的交集處，在於一種個人主義精神的萌芽。例如，閻若璩的《尚書古文疏證》敢於質疑眾人接受為神聖真理的經書內容，敢於以個人推理能力推翻存在了千年的傳統說法，那是難得的個人知識自信的表現。

又如，曹雪芹徹底沉浸在自己的回憶中，反覆琢磨、錘鍊回憶內容，無視於外在現實生活。《紅樓夢》得享大名，贏得了許多讀者之後，有一股強大的潮流要否認這本書的內容是曹雪芹的自傳性回憶，要將各種順治朝、康熙朝的史事藉由「索隱」放進《紅樓夢》中。這正反映了曹雪芹的個人精神，對於個人生活回憶的重視超越了傳統架構，以至於這些人想方設法要取消書中的個人性質，填入各種公共、集體內容。

這段時間的文人文化，給予了想像力較大的空間。無論是閻若璩的考據成就，或是《儒林外史》、《聊齋誌異》、《紅樓夢》這些作品的存在，都有賴於這樣的獨特空間，才有機會不只被創造出來，還能受到注意，沒有被否定、湮沒。

中國文學中沒有自傳性小說的傳統，曹雪芹獨立自創了極其真切、又極其豐富的自傳小說，然而很明顯地後繼無人。一直要到「五四」之後，受到西方文學的啟發與鼓舞，才有像郁達夫《沉淪》那樣的作品，朝向自傳小說展開。

清朝中葉的歷史中，科舉士人的地位與能力不斷下降，但在科舉之外，似乎躍動著帶有個人精神色彩的新生活與新文化。可是接下來正就在科舉士人組構起的官僚體系這一塊，遇到了接連的挑戰，窮於應付，沒有辦法有效回應，將清朝帶入了長期的危機中。

人口不斷膨脹的問題，國家缺乏掌握、更無法控制，朝廷與人民之間愈來愈疏離。偏偏在此時，西方勢力迫近中國，帶來完全不一樣的觀念、野心、制度。此時的中國統治階層完全沒有足夠的視野與自信可以面對，甚至無法有效地自我訓練與自我準備。

在內外交困的壓力下，清朝政權開始走下坡，連帶地朝廷中心在瓦解中，牽動使得中國作為中心的地位也在瓦解中。原本因為滿、漢互動衝擊而產生的新現象和新力量，很快地到了道光朝時就停滯、甚至被摧毀了。

第五講

東方帝國與西方帝國的根本差異

01 西發里亞條約帶來的歐洲列國新秩序

崇禎十七年，流寇攻入北京，崇禎皇帝在煤山上吊自殺；同年稍後，清兵入關，又進入北京建立了新的朝代——清朝。

這一年是西元一六四四年。從這個時候開始，看待中國歷史就要養成一種對照的習慣，看看同一個時期西方正在發生什麼事。因為逐漸地，中國自成一個系統、理所當然居於系統中心的情況改變了，逐漸無法維持了。

大清王朝入主中原四年後，一六四八年，在歐洲最重要的事就是西發里亞和平協議（Peace of Westphalia），簽訂了西發里亞條約（Treaty of Westphalia）。

西發里亞條約的簽訂，終止了歐洲的「三十年戰爭」，擁有了建立在這個條約基礎上的和平。參與簽訂西發里亞條約的是神聖羅馬帝國境內的各個公國，然而其發展出的原則，不只改變了神聖羅馬帝國各公國間的關係，還解決了西班牙與荷蘭之間長達八十年的衝突。

神聖羅馬帝國境內的戰爭，以及西班牙、荷蘭之間的衝突，都牽涉到宗教，是在十六世紀新教改革以來，舊教和新教彼此敵對、緊密角力中爆發的。不過西班牙和荷蘭這兩國，除了一個信奉舊教、一個擁抱新教之外，還有著海上勢力的爭奪。如此根深柢固的緊張因素，不可能靠一個條約就都消弭於無形。

並不是簽訂西發里亞條約之後，歐洲就不再有戰爭。西發里亞和平協議的意義不是如此，而是該條約建立起的原則，主宰了從十七世紀延續到二十世紀第一次世界大戰前的歐洲權力關係。

西發里亞條約規範了神聖羅馬帝國境內各邦國的互動。神聖羅馬帝國很鬆散、也很複雜，有公國、有主教領土，各有各的形式，各有各的算計，皇帝並不具備中心權力，只是象徵性的領袖。到了十七世紀，最麻煩的問題被宗教改革挑激起來，那就是各個邦國選擇了不同的宗教信仰，於是產生了宗教戰爭，更產生了邦國之間的合縱連橫，使得戰爭更難預料、更難解決，所以會拖延三十年之久。

西發里亞條約確立了帝國諸邦（imperial states）有獨立管轄內政，包括選擇信奉何種基督教宗派的權利，而不受其他邦國干預的原則。這是西發里亞和平協議的實質內容。這就不只影響神聖羅馬帝國內部，更進而被大部分歐洲政權，包括西班牙、荷蘭等國所採納，形成了歐洲共認的一套新秩序。並非從此就不會再有宗教戰爭，而是未來的宗教戰爭爆發時，歐洲各國的反應與態度，和西發里亞條約簽訂之前有了很大的差別。

西發里亞和平協議促成了歐洲現代的外交結構。所謂「外交」，指的是各自擁有充分內政權力的邦國之間的平等互動。未來兩百多年，歐洲、以及後來又加入北美洲的美國，情勢有很多變化，包括十九世紀民族國家興起，接著又發展出新型態的殖民帝國主義。然而不論是民族國家與民族國家之間，乃至後來殖民帝國與殖民帝國之間，都仍然依循西發里亞條約訂定的原則來締結外交關係，透過外交活動以解決紛爭、達成協議。

協議不成，就會有戰爭，然而此時的戰爭成為外交的延伸，和外交緊密結合在一起，而且外交的折衝協商，也都必須建立在承認並尊重對方有獨立內政管轄權的基礎上。如此形成了在歐洲相對穩定的「列國體制」。

02 從明到清，視屬國為客為藩的中心意識

中國當然沒有參與西發里亞條約，也完全隔絕於歐洲「列國體系」形成過程之外。這段時間在中國發生的事，和歐洲形成了強烈對比。十七世紀中葉前，東北方的後金部族興起，他們之所以能壯大到足以挑戰明朝，一部分原因就在他們如此熟悉傳統中國的皇權，而且也早早下定決心要認真模仿中國的皇權。

孟森先生最早提出的一個觀點，後來在史學界成為共識，那就是大清王朝的形成，被嚴重低估、忽略的關鍵，在於清太宗皇太極。

中國從明朝開始，建立了一位皇帝只有一個年號的慣例，所以明太祖可以叫「洪武皇帝」，

明神宗就是「萬曆皇帝」。兩百多年間只出現過一次例外，那是明英宗，因為發生了「土木堡之變」，皇帝被瓦剌首領也先俘虜，後來才又放回來，再被繼任的景泰皇帝軟禁七年後復辟，等於重新當皇帝，所以換了一個年號（從「正統」改「天順」）。

撇開明英宗，我們看到的歷史事實是，從明朝洪武皇帝一直到清朝宣統皇帝，一位皇帝就是一個年號。經孟森仔細考證，確定了「天命」、「天聰」分別是努爾哈赤和皇太極的尊號，而不是他們自己頒布的年號。直到皇太極建國號「大清」，才有了第一個真正的年號——崇德。這是個劃時代的事件。在此之前，滿洲人雖然不喜歡被納入明朝防衛系統裡當「建州衛」，開始強調自身的滿洲血統，不過還是將自己視為中國的藩屬，訂定尊號是為了將自己的地位提高到像朝鮮國那樣。

「天命皇帝」、「天聰皇帝」這種稱號和朝鮮國君一樣，然而等到建立崇德年號之後，可就不是如此了，他們自覺建立了一個和大明王朝平等的大清王朝。同時，這個新建的大清王朝並沒有要僻居於東北，和中原的大明王朝並存。不，只要是王朝，依照他們吸納、模仿的中國傳統觀念，就只能有占據中心的一個，只能有一個具備絕對皇權的皇帝。才短短幾年，滿洲人的野心高漲到要進入中心，將明朝取而代之。更驚人的是，所有現實條件衝擊配合下，這樣突然抬高的野心竟然在很短時間內變成了事實。

此時的歐洲正在建立一套平等邦國的互動機制；而在中國，卻是一個外來政權完全承襲明朝的中央意識。正因為是外來政權，所以格外強調、凸顯自己是不容挑戰的唯一中心，自認就是中國傳統中崛起的一個新興王朝。

在對外關係上，明朝是由禮部的「主客司」負責的，將周圍屬國視為「客」，彼此關係的主要實質內容環繞在朝貢活動上。清朝又多設了一個層級較高的「理藩院」。「理藩院」是從原本處理蒙古事務發展出來的，起初滿清朝廷禁止漢人移民到遼東和蒙古一帶，視此地區為其發源地。蒙古不是一般的屬部，有著特殊的盟友身分，所以特別設立「蒙古衙門」來處理。

「蒙古衙門」改制、升級為「理藩院」，管轄範圍擴大，包納了西藏、青海、西疆一帶，等到簽訂「尼布楚條約」後，俄羅斯的事務也劃歸進來。很明顯地，「理藩院」負責北方、西北和西南方的非農業民族關係；而傳統上受到中國文化影響、運用中文的地區，則仍然由「主客司」統理。

03 中國的制度觀念中，朝貢就是對外關係

「主客司」管轄的是朝貢制度，這是中國傳統上最熟悉、最習慣的對外關係。在歷史解釋上，通常將清朝與西方互動的種種問題，歸結於中國缺乏對外關係的經驗所致。其實中國傳統上

一直有對外關係，清朝之所以遇到那麼嚴重的問題，正因為他們認真承襲了一套固定的對外關係模式，無法從這套模式中脫解出來，甚至無法從中鬆開較大的一點彈性空間。

「理藩院」對於清朝來說，就是要處理明朝沒有的對外關係。明朝和俄羅斯並未建立往來關係，而北方、西北和西南主要是軍事防衛關係，也沒有固定、積極的屬國互動。但從「理藩院」的設置也可以看出，針對新的對外關係，清朝還是套用中國傳統運用了幾百年、甚至上千年的朝貢模式。

《大清會典》、《禮部則例》中明白記錄了幾個主要原則。第一，不同的朝貢國有不同的「貢期」，規定每隔幾年可以來朝貢一次。第二，朝貢要走規定好的「貢道」，有固定的路線，不能偏離去到別的地方。第三，「貢使團」的人數也有確切規範，最嚴格的是進京的人數，一般不能超過二十人，團內如果人數太多，二十人以外必須「留邊聽賞」，也就是停留在遠一點的地方，不得進京。進京和不進京的人數總和，一個貢使團一般不能超過百人。

而「留邊聽賞」也清楚反映了這套模式的基本觀念，「進貢」固然要帶來豐厚的「貢物」，不過王朝與皇帝的「封賞」一定遠超過所進貢的貨品。因而進貢的互動中，王朝得到面子，屬國則得到實質利益的裡子，不只可以帶回眾多賞賜，而且在過程中透過安排，又可以在「貢道」做交易買賣，換取各自屬國沒有的寶貨。

之所以要限制貢使團進京人數，主要是因為要覲見皇帝。有三種不同場合，首先正式覲見，接著皇帝賜宴，最後皇帝封賞，參與這些儀式的人數當然不能太多。還有，在參加之前必須經過仔細排練，按照嚴格的舉止規範來進行。這三種覲見的場合都需對皇帝行跪拜禮。另外，如果「貢使團」入京時，皇帝剛好避暑不在紫禁城，就由禮部派遣適當地位的堂官，帶領貢使到熱河行宮去覲見皇帝。

貢使抵達北京之後，先將貢奉的清單和上呈的文書交給禮部。如果是外國文字，就由禮部翻譯。如果貢使有特殊要求，也都是向禮部表達，由禮部轉奏。最嚴格的規矩是一切都要通過禮部，絕對不得越過禮部擅自行動。貢使尤其不得和任何地方督撫有互動，經過地方而接受督撫招待也絕對不能送禮。如果有這樣的行為，貢使和地方督撫兩方都會受到懲罰，督撫可能被撤職，貢使則可能被「停貢」，取消下一次進貢的機會。

貢使團在中國有些基本的禁忌一定不能違犯。例如不能買兵器，也不能買中國的史書。朝廷認定史書中藏有中國強大的祕訣，如果特別表現出對於中國史書的興趣，表示意圖不單純。還有，不得與鋪行私相交易。可以進行買賣，但和誰做生意一定要讓禮部知道，要得到禮部的許可，不能自己任意找店鋪或行會。

貢使離開前，要到紫禁城的午門前領賞。那是公開示眾的儀式，彰顯帝國的榮光能夠吸引這些屬國遠來表示臣服。而貢使團在中國停留的期間，所有花費一律由朝廷支付。來者是客，何況還帶了禮物來，中國是富強的中心，當然要盡地主之誼，不能讓使者花到任何一分錢。

這些屬國前來朝貢，一方面為了和中國保持良好關係，另一方面則為了藉機和中國通商。清朝基本上實施海禁，不允許對外通商，要取得中國的特殊物品，只能透過朝貢。在中國的制度觀念中，朝貢就是對外關係，而其中主要是外圍的屬國進到中國想要得到貿易好處。這是中國和西方接觸之前，在對外關係上唯一的、根深柢固的認知。

04 開港通商，與西方勢力大舉東來

一六四四年滿清入關之後，明朝皇室殘存的勢力往南方走，一直走到海上，最後一股挑戰清朝的勢力由鄭成功在海島臺灣帶領。為了防範這些政治與軍事上的動亂因素，清朝從順治十二年（一六五五年）起實施了長達三十年的海禁，一直到康熙二十三年（一六八四年），臺灣在前一年被施琅率領的軍隊打了下來，海禁才解開。

解禁的方式是開設粵、閩、浙、江四大海關，管轄各自所有的口岸。但到了乾隆二十二年（一七五七年），又規定「番商」（即西洋商人）的船只能在廣州停泊交易，也就是指定廣州為唯一對西洋商人開放的海港。

這是破壞過去朝貢制度的新做法，所以清朝謹慎小心地推動，制定了十分嚴格的規範。例如洋人到廣州，只能居住在特定的狹小區域內，而且停留的時間也有限制。再來，還規定洋人和一

般中國百姓或官員都不能有直接互動。這中間設了重重的屏障。

來到中國的外國商人必須有代表，稱之為「大班」。後來許多有外國人進出，或標榜洋化風格的地方，像是歌廳、舞廳，都有「大班」。「大班」原本是居留在中國的外國人代表，「大班」可以和中國的買辦或行商代表溝通。而買辦、行商也是特殊身分，被規範為不是「正常」的中國人，會在和「洋鬼子」接觸中被汙染，在他們後面的才是中國社會裡的中國人。

這些規定明白顯現出「天朝」的態度——開放朝貢以外的通商機會是莫大恩賜。如果不想被規定拘束，那就不要來，對中國非但沒有損失，還可以省事清靜。

然而廣州開港的時機剛好遇上了西方勢力大舉東來。當時西方航海技術大幅進步，新型船隻——不管是軍艦或商船——蜂擁駛入東亞海域。荷蘭、葡萄牙等地的海船，過去必須轉手海盜、轉手中國周邊屬國，才能拿到中國貨物進行交易，現在有了廣州這個通商口岸，提供更直接、也就更有利的貿易場所。因而最早來到廣州的外國人，基本上符合清朝的假想設定，他們都是為了商業利益而來，利之所趨，也就甘願遵守規定，忍受種種不方便。

自廣州開港以來，這種通商辦法沒有出什麼大問題，直到大英帝國的勢力擴展到東亞海域，整個情勢徹底改觀了。

大英帝國取代了荷蘭、葡萄牙的重商主義經營，改以發展商業資本主義，挾著先進的武力，迅速地成為東亞海域中最強大的勢力。這套新的帝國主義意識形態，不只要追求商業利益，更著眼於在全球地緣政治上尋求最大的殖民經營機會。

英國正式和中國接觸時，其帝國主義中的政治關係概念已經充分發展、初步定型了。這樣的政治關係圖像，和中國的朝貢系統南轅北轍，很快就造成了矛盾衝突。

05 「傳諭行商」，將外交與通商同等看待

依照《大清會典》乾隆朝的記錄，當時的朝貢制度是有分級的。排在最前面的是朝鮮，每年一貢，頻率最高，也就意味著可以得到的利益最大。然後是琉球，他們獲准得以「間歲一至」，也就是每兩年可以派遣貢使團經由福建進貢。排在琉球後面的是安南，他們是兩年一貢，四年遣使來朝一次，從廣西鎮南關進入中國。再來是三年一貢的暹羅、五年一貢的蘇祿、十年一貢的南掌（寮國）等等。

有趣的是，《大清會典》嘉慶朝的名單上還出現了荷蘭。特別標示荷蘭因為路程遙遠，所以「貢無定期」，沒有特別規定多久可以進貢一次，不過後面附註說「舊例五年一貢」，表示在嘉慶朝之前，允許荷蘭人遵循朝貢的規定，每五年來一次。

名單上還有「西洋國」，規定的貢道是經由澳門進入中國，貢期也是「不定」。世界上當然

沒有一個「西洋國」，這個名稱泛指荷蘭以外的歐洲國家，清朝無從弄清楚他們的來歷，只要他們願意依例遣貢使，就歸入「西洋國」。

名單上還有「教廷」，就連羅馬教會派傳教士來中國，也被視作朝貢的行為，並納入這個系統中加以約束、管轄。

重點在於到此時，中國的這套系統尚未受到挑戰，以荷蘭人、葡萄牙人為首的這些歐洲商人，看在龐大的通商利益分上，他們不在乎被中國用什麼眼光看待，會得到怎樣的待遇。就連教廷也為了能夠傳教，願意採取入境隨俗的態度。

但這個架構遇到了從印度一路發展過來的大英帝國，就沒辦法繼續這樣曖昧含混地維持下去。從康熙朝開端的一六六二年，到乾隆朝結束的一七九五年，記錄上西方國家使臣覲見皇帝一共有十七次，其中六次來自俄羅斯，四次來自葡萄牙，三次或四次來自荷蘭，還有三次來自教廷，另外一次來自英國。

十七次中有十六次，外國使臣都對中國皇帝行了跪拜禮。唯一一次例外，發生在乾隆五十八年（一七九三年），英國特使馬戛爾尼（George Macartney, 1737-1806）拒絕行跪拜禮。這是英國首次派遣正式的外交使節團到中國，也是中國的朝貢禮儀第一次遭到挑戰，更是歷史上中國中心意識與西方邦國制度正面衝撞的重要事件。

過去在朝貢制度中，外交和通商始終混合在一起，其他國家為了通商利益來朝貢，才使得中國有處理外交的需要。然而到這個時候，歐洲的外交已經是一門具備特殊地位的專業，和商業行為明確地區分開來，外交官也絕對不會和商人在身分上有任何混雜。

進入十九世紀，中國仍然將外交與通商同等看待。道光十六年（一八三六年），查理・義律（Charles Elliot, 1801-1875）接任英國駐華商務總監，對於中國官方一直不承認他的相對官方身分，將他視為「大班」，只能和廣州的買辦、行商接觸，無法和中國封疆大臣如兩廣總督平等對話，感到強烈不滿。

義律留下了一份記錄，上面以英國式的風格寫下了一句名言，用來形容中國官員的態度：They speak of me, not speak to me。意思是行商永遠在中間，即使義律就在現場，官員也只對行商說話，說這些英國人如何如何，再要行商傳話，徹底忽視他們的具體存在。

這是當時官僚體系的真實運作方式，稱為「傳諭行商」。什麼都要「傳諭行商」，由行商轉達，中國官員絕對不直接和外國人交接、對話。在中國的世界觀中，仍然沒有外交這件事，沒有平等的外交關係。

一八四〇年的鴉片戰爭是重要的歷史事件，然而即使是鴉片戰爭，都不足以立刻改變根深柢固的天朝世界觀。一八四二年清廷戰敗，耆英奉命去和英國人談判，他的頭銜是欽差大臣，而他的任務則是——辦理各省通商善後事宜。在朝廷眼中，那是通商事務，仍然不是當時西方意義的外交工作。

一般在講中國近代史時，多會提到中國最早的專門外交機構，那是終於離開了原有的朝貢系統與「理藩院」概念而有的新單位，成立於一八六一年（咸豐十一年），距鴉片戰爭已經過了二十年。然而看《清文宗顯皇帝實錄》，當時恭親王奕訢領銜上奏，請求設立「總理各國事務衙門」，咸豐皇帝的御批卻將名稱改為「總理各國通商事務衙門」，又加上「通商」二字。

已經有外交折衝經驗的奕訢知道，這名字會出問題的，西方外交官會覺得莫名其妙，我又不是來做生意的，幹嘛跟你們的「通商事務」衙門打交道？所以做了變通措施，在正式的關防及翻譯上省略了「通商」一詞。

06 「全權代表」與絕對皇權的牴觸

東方和西方在十七世紀的發展，產生了對比的差異。歐洲在一六四八年之後，邦國的平等主權制度確立，形成西方外交活動的根柢；另一邊則是清朝承襲甚至加強了中國中心觀念，使得這兩者之間幾乎無法溝通。

從西方列國外交的角度看，有一件不可思議的事，那就是中國一直頑拒派任全權代表。「全權代表」是從法文 pleins pouvoirs 翻譯過來的，意思是確認這個人得到充分授權，可以在談判時進退折衷，以便和對方達成協議。當重大事務進行談判時，歐洲國家已經習慣要求有「全權代表」，要有人說話可以算數，會議談判才有意義。如果無法定案，那就只能來來回回、浪費時間罷了。

可是中國絕對皇權觀念下，只能有「欽差大臣」，意思是由皇帝派任去執行特殊任務，執行該任務時具備等同於皇帝的權力。但「欽差大臣」做的決定，皇帝還是可以否定，皇權最終仍然在皇帝身上，不會交付給任何「全權代表」。皇帝與大臣之間的絕對距離，使得任何大臣不可能得到這種外交談判所需要的信任。

林則徐奉命查辦和鴉片相關的「海口事件」，獲得了欽差大臣的身分，他也將規劃的處理方式對皇帝上奏，還得到皇帝的讚許。然而雷厲的禁菸行動最終引發英國大軍壓境，皇帝可就反悔了，他痛責林則徐，別說兩廣總督身分不保，幾乎連命都沒有了。

鴉片戰爭打輸了，必須向英國求和，英國提出的條件是要有「全權代表」來進行談判，才願意停止軍事行動。當時道光皇帝知道後，御批簡單四個字：「可惡之至」。後來英法聯軍侵襲，咸豐八年（一八五八年）時，譚廷襄以直隸總督身分到大沽口談判。英、法方首先要確認的就是：來者是「全權代表」嗎？譚廷襄無奈地表示：我不可能是「全權代表」，沒有任何人可能是，因為在中國只有一個人能具備「全權」，那就是皇帝。

西方產生「全權代表」觀念，是在西發里亞條約後的列國制度中多次試驗得到的教訓。雙方在可能爆發戰爭的緊張狀態，或試圖要結束戰爭時，必須要由真正能拍板定案的人坐下來談判，你來我往，有攻有防，有進有退。如果無法有效談判，談判時無法確認對方有多大的決定權限，雙方很容易誤判，而造成意外的重大傷害或損失。

在過程中，西方國家發展出內外機制，確保「全權代表」取得君主與政府的信任，也知道如何防範談判中的越權主張與行為。

然而中國沒有經歷過這種過程，皇帝和他所派去的代表之間，沒有這種信任管轄機制。更重要的，皇權本來就是可以後悔改變的，皇帝甚至不受自己過去所做的決定約束，這是絕對皇權的一部分。

絕對皇權的關鍵之一，就是皇帝的主觀意志高於制度，皇帝必須保有反覆變更的權利，才不會變成制度或慣例的傀儡。皇帝要能推翻制度，也要能推翻自己過去的意見與主張。

07 抗拒「北京駐使」，病態的華夷之辨

另外，清朝遲遲無法接受外國使節長駐在北京。駐在外國首都的大使制，也是西發里亞條約之後，歐洲發展出來的重要外交慣例，的確得以發揮極大的緩衝作用。兩國之間如果出現緊張情勢，第一時間就能有面對面的對話，一來免去了許多互相猜測，愈猜愈離譜、愈猜愈有情緒的狀

況；二來「見面三分情」，有外交禮儀居中緩和，不至於當場口出惡言，這邊客氣幾句、那邊客氣幾句，讓協商進行得比較滑潤些。

大使的存在可以爭取時間。第一時間先表達、反應到大使那裡，然後可以想一想，擺在眼前的局勢到底有哪些解釋，又有哪些變化因素，可以有哪些處理的方案。想清楚了，國與國大陣仗對壘起來時，也比較不容易擦槍走火，釀成意外的發展。

然而在中國，沒有這種平等外交考量，有的只是「華夷之辨」。在清朝，主政的滿洲人原本是「夷」，因而他們近乎病態地必須格外強調「華夷之辨」，將自己樹立為「華」的堅毅中心，不得對其他的外圍勢力讓步。

一八五八年「天津條約」談判過程中，英國擺明了如果不能得到「駐使權」就不會罷兵。不得已，清廷在此點上終於退讓了。草約內容呈給咸豐皇帝，皇帝當然很不高興，表示「天津條約」中有四大害。他對四大害的評價順序是：第四是賠款。第三是准許外國人在通商口岸以外的內地遊覽。第二是將通商口岸從沿海延伸到長江沿岸。而第一害，最嚴重、最難吞得下去的，就是「北京駐使」。

後來講「不平等條約」對中國造成的傷害，習慣統納為「割地賠款」；不過對咸豐皇帝來說，賠款相對不是那麼嚴重的事，最嚴重的是讓外國人進入中國，而且依照與北京間的距離來評斷其嚴重程度。外國人可以離開原本限定的通商口岸，真可惡；外國人可以沿長江深入中國，那就有點恐怖了；是可忍、孰不可忍的，外國人竟然都要進到天子腳下了！

為了防止這樣的事情發生，咸豐皇帝明確提議，應該將關稅全部讓給英國，以交換取消這「四大害」。後來是在桂良等涉外大臣勸諫下才未堅持。心態上絕對不願接受外國人進入中國，不願和外國人互動，在辦理外交時等於自己先折斷了一條手臂，放棄了這塊空間，也就不可能培養談判的能力。

08 覲見跪拜禮：清朝外交上的難解之結

和西方接觸過程中，還有一些清朝擺明了拒絕協商的，例如覲見皇帝的跪拜禮。這一個衝突點倒不是出於誤會，而是雙方對於跪拜的意義看法不一樣，所以無法折衷。

在中國和西方，跪拜都是嚴重的大禮，表示臣服。歐洲傳統上有兩種跪拜禮，一種是騎士跪拜禮（knight's kneel），那是世俗封建制度中的權力表現，武士向君主表示接受隸屬的上下關係。還有一種是在教宗面前所行的跪拜禮，那是表示對於宗教權威的徹底服從。

之前荷蘭因為是新教國家，跪拜就不牽涉到後面一種意義，比較容易處理。但對英國人來說可就麻煩了。英國信奉的是國教，英王同時具備世俗與宗教上的雙重權威身分，於是英國使臣行跪拜禮就不只是現實權力問題，而是帶有信仰、乃至神學層面的糾結。

馬戛爾尼拒絕向乾隆皇帝行跪拜禮，中間有這層宗教的因素，清朝這邊當然無法理解。馬戛爾尼不是絕對不能跪拜，但他需要確認所行的是單純的騎士跪拜禮，只有世俗的意義，不牽涉到宗教信仰上的權威。如果對英國國王與教宗之外，非基督教的人物或聖像行跪拜禮，這是嚴重的瀆神行為，要受到下地獄的永恆懲罰的。

而中國的禮儀，不只是跪（kneeling），還要拜（prostration），顯然比較接近宗教性的跪拜，不是世俗的臣服表現，因而馬戛爾尼不能讓步。在中國，這就是最普遍也最絕對的天子地位象徵，將皇帝和其他人在地位上徹底區分開來。清朝正因為是一個外來政權，不僅更著意於遵守這些漢人的宮廷禮儀，還要加碼保證臣對君的徹底服從，以杜絕漢人的抵抗意識。

清朝對於跪拜的重視遠超過明朝。即便是親王，即便是軍機大臣，見到皇帝除非有特別恩賜，否則都必須「跪對」。所以在清朝當官，升官到有機會至內殿面見皇帝，就必須加緊練習。練習什麼？除了如何應對陳奏之外，更重要的是練跪。要能久跪，至少能夠跪一、兩刻鐘不動，不然如果在和皇帝應對時跪不住，很可能就犯了「失儀」之罪，招來不測之禍。

如此堅持的原則，遇到了西方對於跪拜同等重視與謹慎的心態，就一而再、再而三地出問題、起衝突，成為清朝外交上的難解之結。從乾隆朝開始糾纏，竟然一直要到光緒朝，進入二十世紀，一九〇一年簽訂的「辛丑和約」中，才明確規定了「覲見禮節」細則。從此所有外國使節覲見中國皇帝時只需行鞠躬禮，徹底取消了跪拜禮。

花了這麼多時間在這問題上，過程中清朝賠上了眾多外交機會，製造了更多不必要的外交危機，付出極高的代價。

09 避忌和外國人打交道與最惠國待遇

還有一項遠從春秋、戰國封建時代就流傳的原則，阻礙了中國適應西方的外交運作，那就是「大夫無外交」——作為臣子，不可以和外國有私下來往。清朝貫徹這條原則，視大臣和外國人（包括使節代表）接觸為不可干犯的重大忌諱。因而產生了我們今天感到不可思議的狀況：很長時間裡，中國不會有、不能有承擔外交部長職務的官員。

當外交部長，最主要的工作就是和外國人打交道，但在傳統中國官場，和外國人打交道從來不是有尊嚴、有地位的官員應該做的。於是即便成立了「總理各國事務衙門」，負責這個衙門事務的人既然是重要大官，他就絕對不能和外國人來往。這當然是荒謬的安排，卻在當時的官僚體系中成為牢不可破的約束。

因為觀念不同，價值高下的選擇也就大不相同。在歐洲，負責外交的職位是尊崇的，在官僚體系中有很高的地位；但在中國，不只沒有人羨慕、冀望這樣的工作，實質上根本無從將這樣的職位穩當地安排進清朝的官僚體系裡。

另外，像是在條約上訂定「最惠國待遇」，這在歐洲外交上極為少見。從民族主義的立場，講起「最惠國待遇」必然為之咬牙切齒，認為是「不平等條約」中最欺負人的例證。然而回到歷史源頭上，我們會看到，這樣的條款在當時是清朝自身輕易送出去的。

一八四二年（道光二十二年），中英「南京條約」簽訂之後，美國艦隊來到廣州，向兩廣總督祁壎要求是否可以得到和英國人同樣的待遇。提出這樣的要求，不是基於任何外交條約法理上的原則，而是純粹試圖為來到中國的美國人爭取較大的利益與保障。滿清政府竟然就答應了。

答應的理由，第一是天朝向來對其朝貢屬國一視同仁，第二是對於處理外國事務的根本避忌與恐懼。當時負責和英國談判的欽差大臣伊里布就上奏表示：在廣州沒辦法辨認誰是英國人、誰是美國人或法國人，如果只給英國人較好的待遇，美國人、法國人就會假裝成英國人來騙取好處，與其如此，還不如給所有的外國人和英國人一樣的待遇。

更進一步，伊里布還很聰明地分析：如果給英國人特殊待遇，英國人會以此去施惠於法國人、美國人，他們如果彼此勾結，我們更難管理。另外，新任兩江總督耆英也上奏：現在同意美國人可以有同等待遇，反過來能發揮挑撥他們的作用，如果英國人有意見，就讓英國人和美國人去爭執起衝突，對中國沒有壞處。

從這樣自認聰明的想法，衍生出當時視為一勞永逸的「最惠國待遇」條款。[5] 獲得「最惠國待遇」的國家，可以自動得到中國對其他外國在條約中所給予的恩惠待遇。這背後仍然是天朝慷慨地一視同仁，施恩於想來這裡得到好處的屬國概念，完全沒有預見在新的列國關係中，這是多麼嚴重、甚至多麼可怕的讓步。到後來，幾乎任何一個國家從中國得到什麼好處，其他和中國簽過「最惠國待遇」條款的國家都自動升級他們能得到的優惠好處。一讓全讓，各國優惠一直升級，中國的地位與處境也就連帶快速地滑落、惡化。

10 中國無從理解的領事裁判權和協定關稅

另一項不平等條約中「喪權辱國」的條文，是給予外國「領事裁判權」，也就是外國人在中國的行為不受中國法律管轄，由各國的外交領事按照其本國法律來裁決。這當然是侵犯中國主權的規定，而且背後有很深的歧視態度，認定中國的法律野蠻落伍，所以不能容許從西方文明世界來的人，被這樣不文明的法律管轄、懲罰。

然而當時清朝在談判時，也沒有對此項條款多加防阻抗議。從皇帝到官員，他們念茲在茲的首要目標，是盡量不要和外國人接觸，不要讓外國人進入中國和中國人民有什麼關係，所以根本不會去考慮要如何管理在中國的外國人。外國人希望自己管自己，對滿清朝廷來說，毋寧是鬆了一口氣，而且也符合傳統中國律法的精神。

唐朝時長安有很多外國人，《唐律》裡就明白規定有一條「化外人相犯」，處理的方式是「各依本俗法」，也就是讓他們按照自己國家的風俗或法律自行解決。那態度是，你們外國人的糾紛，為什麼我們要管？只要是關係到外國人彼此之間的事，你們願意在條約中載明你們自己想辦法解決，中國當然願意准允。

但「領事裁判權」不是那麼簡單的「化外人相犯」處理原則而已，在西方形成的主權觀念中，這牽涉到讓渡內政管轄權力，等於是讓外國人在中國境內不必遵守中國法律。如此一旦牽涉到外國人事務時，中國法律就失效了，從法律上看就是「國中有國」、「一國多制」。後來會有實質空間上劃出中國主權進不去的「租界」，也就是不意外、理中會有的發展了。

還有「協定關稅」，也是在開始談判時中國很快就讓走了的。主因是原本的朝貢體系中沒有這一項，是無從想像的制度。朝貢就是居於中央的天朝恩許屬國進來，表面進貢、實質從上國獲取利益。上國當然應該要給利益，怎麼可能反過來從屬國那裡得到利益？進貢的交易本來就設定

5　一八四三年，中國和英國簽訂的「虎門條約」（「南京條約」善後補充）中，首次規定了片面最惠國待遇。隔年和美國簽訂「望廈條約」、和法國簽訂「黃埔條約」，美、法兩國也分別得到最惠國待遇。

中國願意吃虧，讓這些貢使團心懷感激，怎麼會要討論對他們帶進來的貨品抽稅呢？

中國只有朝貢交易的觀念，沒有平等國際貿易的認識，也就無從理解「關稅」在國際貿易上的作用。過去朝貢國進來，中國提供他們所有的招待，更確保他們得到的交易利益，必定多過送來的貢品價值。朝貢國帶進來的貨品，可能只有三分之一送進皇宮裡，其他三分之二則在路上賣掉，再換取中國的貴重物品，拿回本國得以大賺一筆。這都在中國朝廷的預計之中。

為什麼要抽關稅？不過就那麼一點錢，卻傷害了天朝的至尊地位，值得嗎？這和朝貢制度的精神徹底相違。

還不只如此，在中國的歷史經驗中，什麼時候會有「關卡之徵」？作為政治上的正式制度，那都出現在分裂的時代。戰國有很多關徵，五代到處是關徵，相對地，在承平統一的時代，朝廷不會去設關卡，只有強盜或軍閥才會攔路打劫。當好皇帝在位，沒有戰爭的太平盛世，就應該「貨暢其流」。朝廷自己設關徵，從傳統觀念上聽起來很不對勁。

中國國家財政的基礎原型是「租庸調」，三者都和交易買賣無關。商業稅、商品稅從來都不是主流，頂多是因應都市商業環境而有的特例做法。反觀歐洲，今天到德國旅行，沿著萊茵河航行觀光，左邊一個城堡、右邊一座宮殿，那就是神聖羅馬帝國邦國分立的遺跡。現在這樣一路順著萊茵河航行，到十七世紀都還不可想像，因為河流被切成很多段，每段屬於不同的邦國，也就被設下重重的關卡，不只管人員進出，更管貨物通過或停留。

西發里亞條約影響所及的範圍內，和列國制度同時發展的，就是對於關口、關稅的熟悉與習慣。列國制度中的主要工作之一，就是訂定彼此的關稅，那都必須透過複雜的協商才能解決，而且又經常變動，難以穩定。

關稅牽涉到許多國家之間的不同關係，包括大國與小國、強國與弱國。所以到十九世紀時，已經發展成一套複雜的網絡，超越了個別國家與個別貨物的交涉，灌注在各國外交官的腦中，成為必備的知識。

這中間有著巨大的落差，西方發展出細密的關稅概念，中國對關稅卻還抱持著避之唯恐不及的態度，在短時間內便不可能溝通。

11 對西方無知背後的原因是什麼？

雖然都是外來政權，滿清的統治和元朝很不一樣。到康熙之後，這個王朝的合法性建立在他們比漢人更像漢人，不能接受漢人以「夷夏之防」的文化歧視來反對他們。為了避免漢人的「夷夏之防」將滿洲視為「夷」，清朝在對外關係上更強調不能對「夷」讓步。

滿洲人如果對外來的「夷」讓步，很可能引發漢人將他們和「夷」視為同類的歧視；漢人如果主張對外來的「夷」讓步，就會被視為在「夷夏之防」原本的漢人立場上，還不如滿洲人來得堅定。於是不管是滿人或漢人，在對外交涉時都無法有彈性，只能是鐵板一塊。

光緒朝時，有一段許珏和閻敬銘之間的對話極具代表性。這兩人都有洋務經驗，閻敬銘還曾經擔任「總理各國事務衙門」大臣，也就是相當於外交部長。許珏問他：「當今正士，誰善外交？」朝廷正派的大臣中，有誰擅長辦外交？閻敬銘的回答是：「焉有正士而屑為此者？」（閔爾昌《碑傳集補》）這個問題根本問錯了，只要是正派人士，就不會願意辦外交，因為覺得外交不是一項端正的工作啊！

當到外交部長的人，都覺得外交不是像樣的工作，無法吸引有德行、有操守的人，一直到光緒朝都還是這樣的觀念。試問從道光朝經歷咸豐朝、同治朝，中國的外交如何能辦？

滿清朝廷當然對西方無知、對外交無知，不過更重要的是無知背後的原因是什麼？那是滿清朝廷和漢人之間的奇特文化關係。這個外來政權並沒有強大的文化自信心，他們的權威絕對不是建立在自認滿洲文化強大優越，而是在於能夠掌握漢人的文化，讓漢人感到汗顏。

朝中的漢人士大夫被三朝皇帝康熙、雍正、乾隆取消了道統權威，在皇帝面前被降等，不可能提供什麼新鮮的好想法。乾嘉之後，主流的考據學又和一般的在朝官員無關，他們又進一步失去知識上的領導地位。

在宋朝、明朝時，重要的文章、有分量的文章，基本上都是做官的文人寫出來的。到了清朝，情況不一樣了，有分量、有影響力的考據文章，都不是做官的文人有能力寫得出來的。

清朝當官的仍須經過科舉考試，證明自己是能讀書、讀了很多書的士人，然而這些人不再有自信可以「為帝王師」，他們的知識不足以教導本身很有學問的皇帝。而他們從舉業中學來的這些知識，又在社會上大幅貶值，比不上博學文士做出來的考據成績。最大的知識熱情，以及最多的知識資源，都投注在古書的整理與細部考索上。

在這樣的結構裡，沒有人有準備、有條件去理解現實，尤其是理解西學，來告訴握有大權的皇帝，西方到底是怎麼一回事，又該如何應對西方勢力。在這方面，此時的中國知識結構不只出現了一大塊真空，而且結構性的限制使得連要能夠認知真空、試圖填補真空的條件，都遲遲無法形成。

第六講

鴉片戰爭與對外交涉

01 鴉片菸是從臺灣傳入中國的？

「鴉片戰爭」的關鍵在於鴉片。這句話聽起來有點奇怪，像是一句沒有意義的廢話，然而其實是對於我們認知歷史的一項重要提醒。在敘述與理解歷史時，我們必定用到許多簡化的縮寫，將複雜的過程命名，用什麼「戰爭」或什麼「事件」，四個字五個字來予以代表。久了之後，大家習慣這個名稱，很自然地就以字面上的意思來代替真實、複雜的歷史過程，認定這個名稱凸顯什麼，就是這件事最重要的性質，或最主要的影響因素。

「鴉片戰爭」真的是環繞著鴉片問題而產生的，這個命名對我們理解歷史事件有很大的幫助，在一般歷史敘述上，不是必然、通例，毋寧是個難得的特例。因而我們先要了解鴉片，才能清楚地述說「鴉片戰爭」。但要了解鴉片沒有那麼容易，這樣東西及其意義與功能，實在已經離我們太遙遠了。

在中國傳統醫學中，鴉片很早就被視為是有鎮靜與麻醉作用的重要藥材，和其他藥材一樣，主要是透過服用進入人體。鴉片的主要成分是一種神經毒素，可以暫時麻痺人的神經系統，產生鎮靜和麻醉的效果。不過鴉片的劑量很難控制，劑量太大會有致命的危險，而在鎮靜和致命之間還有一種劑量，會刺激人的神經系統混亂，製造出近乎真實感受的舒適幻覺。

大麻或鴉片製造的幻覺效果很類似，都是加強你平素慣用的感官知覺。如果你愛聽音樂，大麻或鴉片就會讓你的聽覺格外敏感，聽到不可思議的、多層次多質地的美妙音樂，進而讓聽覺和其他視覺或觸覺產生幻想連結。

因為不容易控制劑量，不同劑量又會引發身體很不一樣的反應，所以傳統中醫對於鴉片的運用很謹慎，不是那麼普遍。鴉片從被小心看待的藥物到變成日常生活的享受，中間有一項關鍵的變化。雖然沒有確切的過程記錄，不過史料指向這項變化最早很可能是在臺灣形成的。[6]

十七世紀時，住在臺灣的原住民或荷蘭人，發明了一種將少量鴉片混合在菸草中然後吸抽的方式，於是從服用鴉片變成抽鴉片菸。抽鴉片事實上大部分吸進去的仍然是菸草的成分，鴉片的劑量很少，而且吸進去的反應快，也比較容易調整混在菸草中的鴉片多寡。

這樣的新發明促成了十八世紀鴉片運用的大爆發。先是由葡萄牙人將鴉片菸的使用方法帶進了中國；到了一七七三年，英國東印度公司察覺到鴉片在中國的巨大利益潛力，決定要介入掌控印度生產及出口的鴉片。

6 〔美〕馬士（Hosea Ballou Morse, 1855-1934）的《中華帝國對外關係史》（*The International Relations of the Chinese Empire*）第一卷中也提到：「在一六二四～一六六二年，荷蘭人盤踞臺灣時，他們從爪哇把那裡所盛行的菸草與鴉片拌合的方法介紹到臺灣，這種習慣又經由殖民者的首府廈門傳播到中國大陸。」

02 從數據看巨量鴉片流入中國狀況

英國東印度公司逐漸成為鴉片進入中國最主要的提供方。當時中國禁止鴉片進口，英國人採取的方式是在印度種罌粟、提煉鴉片，然後經由澳門，藉葡萄牙人的居中掩護，將鴉片私賣到中國。中國對鴉片並沒有嚴格管制，於是十九世紀後，鴉片的消費顯著增加。

從一八〇〇年到一八一八年，鴉片進入中國的數量大概是一年四千箱左右；但一八二〇年代道光朝開始，數量大幅成長，一八二四年達到一萬兩千箱，一八三二年兩萬箱，一八三八年倍增到四萬箱。從一八〇〇年到一八一〇年，中國對外貿易總值是出超的，淨流入二千六百萬兩白銀。然而自一八二八年到一八三六年，情況逆轉了，從出超變成入超。本來十年內累積賺進了二千六百萬兩白銀的盈餘，這八年內卻賠出了三千八百萬兩。

逆轉的主要原因很明顯是鴉片。光是一八三六年一年之內，中國鴉片消費總額就高達一千八百萬兩。當時的世界貿易中，沒有任何一種單一商品在一年中能有這麼高的進出口金額。而這一年，進入中國的鴉片總量高達一千四百噸。

一千四百噸代表多少人吸鴉片？這很難有精確的統計。依照外國貿易商的估計，大約有一千兩百萬中國人有吸鴉片的習慣。時間晚一點，到了一八八一年（光緒七年），擔任大清海關總稅務司的英國人赫德爵士（Sir Robert Hart, 1835-1911），用比較謹慎且有統計根據的方式估算，算出來的結果是，中國大約有百分之零點六五的人口屬於鴉片吸食者。他依照三萬萬人作為基數，那麼大概是兩百萬人左右。史景遷則根據傳教士雒魏林（William Lockhart, 1811-1896）的算法，大約有一成左右的中國人吸食鴉片，而其中百分之三到百分之五是鴉片上癮者，這樣算來，光是成癮者就有一千五百萬人。

無論如何，擺明的事實是，到一八三〇年代，鴉片已經構成十分嚴重的問題。如此巨量的鴉片流入中國，當然不是一件正常的事，背後有其特殊的歷史因素。開放海禁之後，廣州成為洋人可以合法長年進行對外貿易的地方，一七六〇年代英國人來到廣州，逐漸取代荷蘭人和葡萄牙人，成為廣州行商最主要的來往對象。但英國商人並不是自主、零星來到中國的，他們是在東印度公司的組織下進行對華貿易的。

所以這種交易等於是兩頭壟斷，一邊的參與者是壟斷性的廣州行商，另一邊是同樣帶有壟斷性的東印度公司。組織對組織交易的商品主要是茶葉。中國茶葉在英國有非常大的需求，因而要藉東印度公司的力量，確保行商能提供足夠的數量。逐漸地，茶葉生產端就發展出契作制度，也就是在農作物尚未收成、甚至尚未種植之前，就先預付款項，將未來的收成預定下來。

契作對於種植商業作物如茶葉的農民和購買農作物的人是雙面保障。對農民來說，在種植過程中先得到支付成本的收入，不必擔心收穫的銷售出路及價格，不會遇到豐收而滯銷或跌價的困擾；對買者而言，也可以早早確認供貨來源，提早進行預購銷售。

東印度公司和廣州行商形成了獨占式的合作，一起分享利益。東印度公司所提供的青苗預付款項，都要透過行商發放，行商當然會從中抽成。這些行商結合為「公行」，他們上面的管轄單位是內務府，換句話說，他們的特權實質上來自管理皇帝私人荷包的單位，而朝廷也從粵海關收取到大量稅銀。

另外，東印度公司在收到茶葉之後，也壟斷了將茶葉送往英國的航運，加碼超額的運費，從中多賺取一筆利潤。所以茶葉從生產端到真正抵達消費者桌上，中間經過了重重剝削。

這裡每一重都牽涉到白銀，都必須以白銀支付。剛開始因為在美洲新大陸發現的白銀源源流入歐洲，英國有充分的白銀可以打造並維持這塊商業領域；但成本低廉的銀礦開採逐漸減少，白銀卻繼續外流，以至於在英國白銀價格愈來愈貴。於是這套辦法不可能按照原樣進行下去了。

03 英國從貿易控制到貿易自由的轉變

一八〇五年，英國東印度公司決定開放英國私行（即港腳商人）加入和中國的貿易，條件是私行不得涉及專賣的項目。這項辦法的目的主要是為了平衡對中國貿易中的白銀持續外流現象。

意思是希望藉由私行去探測、開發中國對於英國貨物的需求，得以賣東西給中國人，用物品而不是一直用白銀來交換茶葉。

英國這一端發生變化的同時，中國這一端也有重大變化。肇因是從嘉慶年間延續到道光朝的白蓮教與三合會騷擾。清朝沒有兵役制度，長久的和平使得作為國家常備軍的八旗與綠營戰力大幅衰退，無法發揮武力平亂效果，以至於動亂延續。

一方面有長期軍費開支的需要，一方面又受限於「永不加賦」的祖宗家法，朝廷無法籌措這筆額外開銷，就只好往皇帝的口袋打主意。於是內務府給予公行壓力，不斷要求各種「捐輸」。公行應付不過來，便設計出一種新的制度，稱為「公所錢」，那是對於行商涉及的所有貿易項目金額抽取一定比例，放入公積金中，萬一皇家或內務府突增需索，才有辦法拿得出來。

於是就算其他貿易條件不變，這條正式貿易管道的成本也愈來愈高。此時又遇到英國開放私行，很自然地就等於鼓勵私行打破禁令，偷偷跨足專賣項目，避開層層加碼的正式管道，另闢地下途徑。

使得情況更複雜的還有另一項因素。結束「獨立戰爭」紛擾之後，美國也開始對外發展，一七八〇年代新英格蘭的航海商人進入了中國。他們需要的物品和英國人很接近，重點在茶葉、絲織品和瓷器。而和英國的貿易商不同之處，他們不需要支應東印度公司壟斷的高額運費。

美國船隻提供了英國私行更高的動機，他們現在可以規避東印度公司的貨運壟斷，將物品交由美國船隻運到美國，再透過原本就很活躍的英美航線轉運回英國，這樣都還比較划算！

如此一來，東印度公司這套行之有年的貿易制度出現愈來愈多的漏洞。從一八一〇年代開始，到一八二〇年代更加明顯，英國的對外貿易政策有了巨大轉變。一八一〇年以前，主導的是較為保守的托利黨（Tory），主張國家必須嚴格控制對外貿易，盡量擴大出超，賺進可以累積的貴重金屬，如黃金或白銀，以厚植國力。但逐漸地，輝格黨（Whig）勢力崛起，抱持開放貿易、自由貿易信念，挑戰托利黨的政策。亞當・史密斯（Adam Smith, 1723-1790）在一七七六年出版的《國富論》（*The Wealth of Nations*），以及隨後成立的古典經濟學理論，這時候開始發揮愈來愈強大的影響力，讓愈來愈多人相信，自由貿易才是擴張國家總體財富最好的辦法。

東印度公司本來就是貿易控制政策的產物，在那個時代，對外發展都必須先取得英王給予的特許狀。北美洲的殖民地最早也都是由國王特許才得以成立的。但此時政策觀念與主張的改變，輝格黨聲勢凌駕托利黨，使得東印度公司愈來愈不受歡迎，在本國的處境愈來愈困難。

這段時間中，基本上英國國會每一次開議，一定會有要求取消東印度公司的提案。到一八一五年，通過了一個妥協方案，也就是訂定「日落條款」，讓東印度公司只能夠繼續保有專賣權二十年。

理論上東印度公司可以擁有專賣權直到一八三五年，然而在「日落」的約束下，東印度公司對於私行侵犯專賣權行為的管制已經失去終極合法性，效果當然大幅減弱。原本嚴格的專賣系統在諸多因素影響下隨之瓦解，英國的私行於是介入了可以在中國開發需求的商品——鴉片，對中國大量輸入鴉片以換取白銀。

04 道光朝貨幣亂象：白銀與銅錢兌換失常

到一八三〇年代，大英帝國的擴張其實有相當一部分是建立在從中國獲得的龐大利益上。經由鴉片進口，中國對英國國家財富的貢獻，甚至高過很多英國海外殖民地。這些由鴉片換來的白銀，不是經由東印度公司流入維多利亞女王的財庫裡，而是透過挑戰、破壞東印度公司專賣壟斷權的私行，注入了英國社會，讓更多人得以共享。如此帶來的利益效果，比東印度公司壟斷時還要大得多。

在這種狀況下，英國國內支持自由貿易的呼聲愈來愈高，東印度公司的地位與影響相對不斷下滑，進一步吸引愈來愈多人投入鴉片買賣的自由獲利活動中。

到這個時候，部分的中國官員對於鴉片吸食人口的增長感到不安，吸鴉片的風氣也傳到北京，連道光皇帝都察覺到了。道光皇帝的一道上諭中提到，在京城裡有兩成官員染上了鴉片菸癮，在地方衙門則是只有兩成官員沒有菸癮！

道光皇帝更關切、更擔心的，是買鴉片造成白銀大量外流。道光皇帝生性節儉，事實上他當皇子時，就是因為節儉性格吸引了父親嘉慶皇帝的注意，和他後來得以繼承皇位有密切關係。

嘉慶皇帝接在乾隆盛世之後主政，他很清楚從財政角度看，國家已外強中乾的窘境。經過乾隆加上權臣和珅的揮霍，被「永不加賦」緊箍咒鎖死的朝廷收支出了很大的問題。必須轉而強調量入為出才能調節財政，於是皇子中看來最節儉、甚至最吝嗇的，最適合來處理這樣的態勢。

從貨幣經濟角度看，道光朝時，白銀與銅錢的兌換已經失常到近乎失控。過去長期的通例是一兩白銀換一千銅錢，可是道光朝白銀不斷漲價，到了道光二十年，鴉片戰爭爆發前夕，兌價已經變成一兩白銀換一千六百五十銅錢。[7] 三十年間累積了百分之六十五的通貨膨脹。

白銀漲價，不完全是鴉片交易造成的。至少還有一個和鴉片同等重要的因素不能忽略，那就是前面一再提到的清朝盛世後遺症——人口大幅增長。「地丁合一」之後，朝廷失去對於確切人口的掌握，也不可能對人口變化採取什麼管制政策。於是在康、雍、乾三朝，人口往城市移居的現象發達，商業也蓬勃成長，產生了貨幣的高度需求。在貨幣供給跟不上的情況下，也會帶來通貨膨脹的壓力。

從明朝以來，中國的貨幣基本上是銀銅並行制，而後愈來愈依賴白銀。銅礦除了用來鑄錢之外，還有其他用途，有競爭關係；此外，中國的銅礦開採愈來愈困難，到後來主要只能靠舊銅翻鑄。銅錢不足的情況下，幸好從美洲經歐洲而來的白銀適時趕上，保住了這段時間的商業開展。在現實上，白銀的重要性愈來愈高，逐漸取代大部分原本銅錢的功能，將銅錢驅逐到商業體系的邊緣地帶。

白銀供給增加，銅錢卻不足，銅錢就會愈來愈貴，用銅錢划不來，大家更傾向使用白銀。然而因為鴉片交易的關係，情況開始逆轉，白銀轉而外流，倒過來變成白銀愈來愈貴，兩者之間的兌換愈來愈不穩定。在缺乏貨幣政策理解的情況下，朝廷就做了一個簡單的強制規定，為了維持一兩白銀換一千銅錢，便不准白銀當作實質貨幣流通，只能作為計算單位及銅錢的儲備。

要執行這樣的政策，就必須將白銀從市場上收走，只留下銅錢。很簡單的算法，假設原本市場上有五兩白銀和一萬銅錢作為貨幣流通，現在要將白銀收回，那就必須多鑄五千銅錢去換。可是市場上的兌換比例已經不是一兩換一千錢，於是鑄了五千銅錢卻換不到五兩白銀，很多人就會將白銀藏起來不肯兌換。更麻煩的是，原先用在交易流通上的五兩白銀不見了，而多鑄的五千銅錢也不足以補上其價值。

實質的作用必然使得市場上通貨不足。為了維持貨物與貨幣之間的關係，於是又再加鑄銅錢。銅錢的需求量一直提高，原料的供應明顯追不上，只好讓新鑄銅錢的含銅量減少。

如此必定產生「劣幣驅逐良幣」的效果。如果手上有一新一舊兩個銅錢，面值一樣，但你知道新錢的含銅量不如舊的，那你會用哪一個去市場上買東西？你一定會先用新的，將舊的保留下

7 《清史稿．黃爵滋傳》中，黃爵滋的上疏提到銀價遞增與白銀外流等問題：「（道光）十八年，上禁煙議疏曰：『竊見近年銀價遞增，每銀一兩，易制錢一千六百有零，非耗銀於內地，實漏銀於外洋也。蓋自鴉片流入中國，道光三年以前，每歲漏銀數百萬兩，其初不過紈褲子弟習為浮靡。嗣後上自官府縉紳，下至工商優隸，以及婦女僧道，隨在吸食。……故自道光三年至十一年，歲漏銀一千七八百萬兩；十一年至十四年，歲漏銀二千餘萬兩；十四年至今，漸漏至三千萬兩之多。……』」

來，而當每個人都這樣想、這樣做，飽足成分的舊錢就從市場上消失，只剩下成分不足的新錢。市場上不但只剩下劣錢，而且銅錢還會繼續短缺不足，朝廷被迫再鑄造成分及品質更差的銅錢，如此惡性循環。

05 弛禁與嚴禁，及公羊學派的改革傾向

我們今天能夠簡捷地解釋道光朝發生的事，那是因為我們已經擁有總體經濟學、貨幣經濟學的基本知識，然而那個時代的中國人，即便是最博學、最聰明的大臣，在這方面的知識都不如現在一般經濟系的大學生。他們無從掌握這中間的曲折變化，而他們能掌握的，是白銀外流啟動了所有這些糟糕的反應。所以在朝廷上出現了種種呼聲，要求對鴉片進口造成的白銀外流現象有所作為。

當然最徹底的辦法就是禁絕鴉片，但這個意見有些不切實際。因為官員本身有很高的比例都有菸癮，如何能要他們自願承受失去鴉片供應帶來的巨大痛苦？還有一項更敏感的考量：皇帝的荷包入項，有很大一筆是來自粵海關送進內務府的錢，如果完全禁絕鴉片，會有很大一部分就進

不來了。依照英國的計算，朝廷每年大概要從廣州行商這裡取走六百萬兩白銀，其中皇帝拿到的有近百萬兩，是很大的一筆數字。

所以最具體能做的是查緝走私，至少白銀流出去了，在交易過程中朝廷和皇帝還能得到該得的好處。這部分的工作由在廣州的綠營水師負責。但又發現緝私沒那麼簡單，走私的人自然會有辦法、有管道接觸，進而買通緝私的人，形成了更複雜的勾結體系。

情況沒有好轉，反而愈發嚴重。到了道光十六年（一八三六年），太常寺少卿許乃濟上奏弛禁鴉片，皇帝要求群臣會議具奏，過程中明顯形成了「嚴禁派」和「弛禁派」。「弛禁派」的立場是鴉片不可能禁絕，應該在承認事實的基礎上緩和狀況，至少讓情況不要惡化，將非法鴉片合法化，才能有所控制，逐步減少吸用和進口數量。

這是一種現實主義的態度，卻違背了基本的道德感與法令權威。如果要這樣做，就必須承認禁鴉片是假法令。而「嚴禁派」抓的重點，是「弛禁」無法解決迫在眉睫的白銀外流問題，等於放任讓更多白銀繼續因鴉片而外流。

鴻臚寺卿黃爵滋是「嚴禁派」中態度最強硬的，提出了嚴懲吸鴉片者的主張。如果一年內無法戒除，就以死罪論處；如果發現有收留容隱的，就按照窩藏匪類治罪。若是官員的親友幕僚家丁吸食，本犯處死外，官員也要加重議處。

在這個背景下出現了林則徐。他是清朝中葉少見的一帆風順、平步青雲的官員。十九歲中舉，少年得志，之後在官途上每一步都比別人走得快。這時候他的官職是湖廣總督，所謂「方面大臣」的等級，他四十七歲就當上了。

他的學問有特殊來歷，屬於當時新興的「公羊學派」。他有兩位好朋友，一位是魏源，另一位是龔自珍。魏源是最早積極鼓吹應該要正視西洋相關知識的人，編寫過《海國圖志》。林則徐和魏源同屬「公羊學派」，篤信通經致用，帶有現實改革的價值傾向。

「公羊學派」屬於「今文經」，主要是對孔子地位有不同於「古文經」的認知。「古文經」學派所崇敬的是「述而不作」、繼承並保留周代文化的孔子，在孔子之前還有周公及整個禮樂傳統；而「今文經」中的孔子，卻是開天闢地以來最了不起的聖人，他「刪詩書、著春秋」，為了要「為後王立法」，他是一位改革者，以一己之力開創了新的文化。

接受「今文經」觀念的人，通常自身有一種仿效聖人，意欲對現實提出改革意見，甚至實踐改革理念的態度。他們比一般從科舉路上而來的官僚成員要來得自信。舉業中人很容易形成唯唯諾諾的個性，努力背好所有的標準答案，只知道維護提供標準答案的權威。少年得志的林則徐卻不是這樣的人。

06 吸食鴉片者重刑的心理學論議

道光十八年（一八三八年）五月，林則徐上奏〈籌議嚴禁鴉片章程折〉，從黃爵滋的「嚴禁論」及其反對者之間的論辯談起。反對者提出的一項合理質疑是：誰吸鴉片誰不吸，有那麼容易認定嗎？吸鴉片的人會自己寫在臉上嗎？將吸鴉片者嚴懲砍頭，這樣的規定沒有辦法落實執行，帶來的問題會多過能夠解決的。例如不一定找得到真正吸鴉片的人，卻賦予衙門認定吸食者的權力，那麼很容易滋生各種弊病，一定有人上下其手、搞檯面下收賄行為，也一定有人為了挾怨報復或為了奪取財產而誣告、濫告。

原先皇帝接受了這樣的質疑，所以對「嚴禁論」多有保留，但林則徐在奏書中卻換了一個方向，解釋這種「重刑」可以產生的集體心理作用。「重刑」並不是真的要找出這些人來砍頭，而是要給他們一種切身的威脅，自己如果再繼續吸鴉片，就可能會被砍頭，因而思考：難道我願意為了吸鴉片而付出生命代價嗎？如此他們才會積極地戒掉菸癮。

這份上奏很特殊，因為其內容不在表明一般的道德立場，而是碰觸到了中國知識系統中遲遲沒有建立的一門學問——心理學。他的觀點、他的論證都是心理學式的：

今鴉片貽害於內地，非難於革癮，而難於革心。欲革玩法之心，安得不立怵心之法？……惟是吸煙之輩，陷溺已深，志氣無不昏惰，今日安知來日！當夫嚴刑初設，雖亦魄悚魂驚，而轉思期限尚寬，姑俟臨時再斷，至期迫而又不能驟斷，則罹法者仍多。（〈籌議嚴禁鴉片章程折〉）

鴉片為什麼那麼難禁？因為人都有惰性，總覺得還可以稍微拖一下，再抽最後一口菸，抽完這口再戒吧！結果這口抽完也沒怎樣，儘管心裡知道應該要戒，但又忍不住多抽下一口。要怎樣才能杜絕這種拖延心理呢？讓他知道多抽一口會沒命，那他就不可能再拖。抓到吸食鴉片者要處死，不是為了殺人，而是給這些人夠強烈、絕對無法忽視的動機，想要命就必須立即戒除。

從心理效果的角度考量，避免死刑判決可以分四階段處理，以一年為期。每個階段有一個相應的戒菸行為標準，如果在一定期限內達成，就可以不殺。人在面對生死的威脅壓力下，怎麼可能還拒絕戒、還戒不了，真的為了吸鴉片而送命？

道光皇帝為什麼那麼欣賞林則徐？因為聽了反覆辯論意見，林則徐提出了一個聽起來確實可行的禁絕鴉片方案。

林則徐同意黃爵滋的「嚴禁」立場，皇帝也被林則徐的詳細論證所說服，認為他頭腦清楚。到了道光十九年五年，清廷正式頒布《欽定嚴禁鴉片煙條例》，令各省遵行。

幾乎史無前例地，道光十八年的下半年，林則徐不只被皇帝欽命召到北京，而且一共私見了皇帝十九次之多。到了年底，他得到欽差大臣的任命，到廣州處理禁菸問題。

07 林則徐的銷煙行動與英國國會的爭執

林則徐到了廣州，碰到的主要對手是查理．義律，他是英國在中國的商務監督團代表。林則徐運用過去對待不馴服屬國所採取的停止貢使，也就是停止交易的方式，用來對待義律。英方沒有因此就順從，林則徐又進一步將義律和在廣州的英國商人封鎖、剝奪原有的行動自由。受困十七天後，義律屈服了，同意交出所有的非法鴉片，實際上就是把當時控制在行商手中的鴉片都交了出來。

這是林則徐的一大勝利，很短的時間內就讓英國人屈服，然後將沒收來的大批鴉片倒在海灘上，用石灰加鹽水的方式予以銷毀，構成一幅壯觀景象，是為「虎門銷煙」。

沒收來的鴉片數量約兩萬箱，遠多過林則徐原來的估計。那是因為英國人叫行商繳交，對行商來說反正既然是英國人要負擔，那麼樂得多交一點，再去向英國人要賠償。中間甚至有特別為了繳交而追加走私的部分。

行商追求自己的利益，向英國人誇大損失，甚至賄賂辦事員，交十箱請他們報成三十箱，承諾將來賠償下來時，可以分五箱的價值給辦事員。於是查繳銷毀的鴉片數字被人為地飆高了。

成績報到朝廷，皇帝龍心大悅，從皇帝到林則徐等大臣都獲得陡然高漲的自信心。英國人也和過去遇到的蠻夷一樣嘛，用對的方式逼壓他們，他們就乖乖就範。然而清廷完全不了解當時英國的情況。其時英國帝國主義正在快速崛起中，自由貿易政策是內閣的共識，而且自一八三〇年代後，英國海外勢力的擴張，很大程度是依靠從中國賺來的鴉片錢。

當時執政的是輝格黨。為了制衡輝格黨，保守黨中的新興政治明星格雷斯登（William Ewart Gladstone, 1809-1898）在國會提出一項議案，指稱鴉片交易違背了英國的基本道德，不該為了鴉片而和中國起衝突，英國應該主動終止鴉片貿易。另一邊的輝格黨則訴諸於帝國尊嚴，凸顯查理・義律所受到的屈辱待遇，主張一定要施以報復。

輝格黨代表認為，我們的子民在外國被非法監禁，代表維多利亞女王的旗幟被一起關押，英國怎麼能忍耐這樣的事？格雷斯登則反唇相譏表示：女王旗幟堂皇升起時，想到這個帝國竟然是靠不道德的鴉片利益才得以建立，就令人感到羞恥！

雙方唇槍舌劍，最後格雷斯登所提的議案只以五票之差被撤銷。英國這時候有自己內部的爭議，但經過國會討論後，輝格黨政府得以延續自由貿易與帝國擴張的路線，決議之後集結動用的力量，就不是道光皇帝和林則徐所能理解、想像的了。

中、英之間在軍事力量上有很大的差距，包括武器上、設備上的差距。英國派來中國的這批海軍，配備了當時最先進的淺底船，不需深底結構就能在海中相對平穩地長途航行。中國的官員，包括林則徐在內，主張可以對英國強硬，其中一項理由就是英國遠航船吃水很深，無法靠岸打仗。他們認定只要嚴密封鎖港口，不讓英國船隻靠近，便可高枕無憂。[8]

他們沒有料到，這時候的英國船隻能夠輕易地進入中國內河航行。你不讓他們接近海港，他們可以轉入河口，直接威脅內陸地區。另外，當時中國使用的還是火繩槍，而英國的主力火器已經進化為火帽擊發、帶膛線的槍枝。

08 軍事計畫與謀略上的徹底不對等

中、英之間還有一項更大的差距。英國帝國主義發展建立在知識的基礎上，對於世界地理、對於他們前往的地區，有相當的理解掌握。因鴉片而起的衝突狀況傳回英國國內，當時的外相巴麥尊（Henry John Temple Palmerston, 1784-1865）很快就擬定了對策——出兵中國。國會是唯一阻礙他想法的因素，排除國會反對之後，英國政府便快速地推動出兵事宜。從外交的角度看，出

8　林則徐曾在上奏中表示：「到省後察看夷情，外似桀驁，內實惟怯。向來恐開邊釁，遂致養癰之患日積日深。豈知彼從六萬里外遠涉經商，主客之形，眾寡之勢，固不待智者而決。即其船堅炮利，亦只能取勝於外洋，而不能施技於內港。」

兵中國是為了確保自由貿易原則在遠東也能被遵守，他認為這不只對英國是好事，中國自身也可以得利，以這樣的認知來回應鴉片買賣的道德問題。

雖然一向只能在廣州和中國打交道，卻無礙於英國已經收集足夠的訊息，很快就能選定派遣部隊及初步部署策略。反觀中國這邊，甚至連英國的增援兵力多久可能抵達中國都沒有概念。英國長期在印度保有龐大的海軍勢力，負責維護遠東與南洋的利益，這部分的軍力很快就兵臨中國，在清廷根本還未做好準備的情況下，選定浙江外海的舟山島作為第一個目標，而且當然順利有效地達成了。

接下來，只有一小部分的部隊留在發生事件的廣州，轉換了主客條件，反而將林則徐帶領的清軍封鎖在廣州港內。其他主力部隊確保控有長江口之後，又繼續北上，計畫奪取大沽口。這就不只是軍事武器上的不對等，更是軍事計畫與謀略上的徹底不對等。英國人的軍隊到達時，廣州城內還興致高昂，因為看到英國的船艦規模那麼少，他們完全不知道這種船艦的火炮威力，光是這幾艘船就足以封鎖廣州港；他們也完全不知道、甚至想不到，更多的船艦這時候已經朝北去奪取舟山島。

道光二十年（一八四〇年）六月，舟山島沒有防衛措施，立即陷落，接著英國人出現在大沽口，迫近京畿。道光皇帝大為震駭，立即後悔了。英國人要什麼呢？他們要求一個主和而非主戰的朝廷態度，於是皇帝趕緊將林則徐撤職，並在廣州究責，後來判定將他流放到最遠的伊犁。皇帝又指派繼任兩廣總督的琦善為欽差大臣，去和英國人談判。在這事件中，琦善的名氣遠遠不如林則徐，他的表現也沒有多傑出，不過從歷史上看，仍然應該還他一個不可磨滅的地位——他是中國第一位現代外交代表。

琦善的特長是現實、務實，很快就找出所有林則徐在不切實際態度下所犯下的錯誤，預先做好必須面對、處理的準備。例如林則徐當時不只將英國人圍困在商館，還親自寫了一封直接譴責英國女王的信函，找人翻譯成英文，嚴厲指摘英國所犯的錯誤。英文譯文還印成傳單，交給被圍困的英國人。琦善至少立即意識到必須針對此事向英國正式道歉。

作為第一位中國現代外交官，琦善值得我們多給他一點肯定與尊重。因為他承擔的是一項不可能的任務。他不是全權代表，只是皇帝指派的欽差大臣，而皇帝給他的使命是要英國軍艦離開大沽口，卻又沒有授權他作主對英國人如何讓步。

琦善做到了只靠做足誠意姿態，沒有任何實質讓步，就得到英國人的同意，將談判移到廣州進行，完成了道光皇帝最在意的一件事。接著他和查理．義律展開「穿鼻會議」，會議中就不能再不談實質議題。英國擺明了罷兵、讓軍隊離開中國的前提條件是取得香港，要不然就沒得繼續談。經過折衝，雙方協議：第一，中國賠償六百萬銀元；第二，將香港交給英國；第三，從此以平等地位往來。

不過這份尚未簽字的協議內容傳到北京，道光皇帝大怒，不同意割讓香港；送到倫敦，英國外相也不滿意，明明已經控制住長江口的舟山島，當然應該要中國割讓舟山島，怎麼會變成南方珠江口的香港島？覺得英方得益太少了。

09 南京條約之後，看穿中國的致命弱點

雙方都不認可協議，不只是協議無效，而且談判的兩個代表都被撤回。琦善很可憐，甚至是被上枷解京的。不再和談，那就準備宣戰。道光皇帝和他身邊的大臣，對於再戰態度的自我解釋是前面根本沒有真正的戰鬥，不管是廣州或舟山島或大沽口，中國這邊都沒有準備好，才會被英國以偷襲手段得逞。再戰的話，中國有備而來，英國不可能再占到便宜。

這當然又是對於英國軍事力量的無知錯估。最嚴重的錯誤是這樣的估計沒有任何情報或知識基礎，純粹是自己閉門造車猜測的。英國方面將義律撤職後，換上璞鼎查（Henry Pottinger, 1789-1856）擔任代表與全權公使，他接到的命令是以軍事力量為後盾，爭取明確的目標。

在錢銀方面，中國必須賠償鴉片損失，也就是被林則徐沒收後毀掉的鴉片，總值六百一十八萬銀元。還要加上英國過去借貸給行商的三百萬，以及英國出兵的軍費兩百五十萬。

英國大動干戈，兩度出兵，開價要中國賠償，還要預期對方還價，拿出來的軍費數字是兩百五十萬銀元，還不到被銷毀鴉片總值的一半。比較之下，我們更能理解鴉片貿易的規模，以及為英國帶來的利益，這就是為什麼即使有保守黨提出的道德考量，英國也很難放棄在中國的鴉片買賣。

「穿鼻草約」簽不成，再啟戰端，結果中國仍然抵擋不住英國的軍力，廈門、定海、吳淞口相繼失陷，英軍趨入長江，攻占鎮江等地，清廷不得不再度乞和。這次英國可就不接受到廣州談判，最大的退讓只能到南京，要確保北京朝廷感受到威脅壓力。

璞鼎查得到的指令，應該是要求一千兩百萬銀元的賠款，到「南京條約」正式訂定，這個數字已經提高到兩千一百萬。多增加的部分是為了換取英國同意交還舟山島。本來就同意要給的香港還是要給，除香港以外不再多割讓領土，那就只好多開通商口岸來換，於是議定「五口通商」，除了原有的廣州之外，又加上廈門、福州、寧波、上海。這是上海崛起的重要關鍵。

另外，從此雙方平等往來，在「五口」都得以設立英國領事館。在廣州實行的公行壟斷制度全部廢除。對於未來的進出口貨物，雙方共同訂出固定關稅。對英國人來說，這是很大的勝利，將來對中國進出口貨物都有固定關稅的保障。他們怎麼樣也想不到，中國人完全無法理解這件事的重要性，後來甚至將決定關稅的權力、乃至關稅司的管轄權，整個都交給英國。

從「穿鼻草約」到「南京條約」的過程，其影響不下於「南京條約」內容本身。當時如果就簽訂「穿鼻草約」，那當然也是挫敗的結果，但至少中國對外的表現還守住了底線。不簽「穿鼻草約」換來「南京條約」，這就變成一個笑柄，牽涉或覬覦中國利益的人這下子看清楚了，就算談判後翻臉，在積極備戰的情況下，中國仍然如此不堪一擊。將軍事實力放到海岸防禦，竟然還是敵不過英國遠征艦隊的攻擊。

再者，「南京條約」談判過程中，也讓英國人看穿中國朝廷的無知程度，並且理解到，原來和一位躲在後面不出面的中國皇帝談判多麼有利！更重要的，不只是英國認識到這些事實，其他西方國家很快也都明瞭了。

「南京條約」是中國和西方帝國主義接觸後簽訂的第一個不平等條約，自此之後，很快後面就跟著而來很多其他條約。這變成了一種必然的模式。每個有野心的國家都看出中國的致命弱點——無力防守海岸，所以只需要有限的海軍船艦威脅海岸，尤其是往北方進逼北京所在之處，接近大沽口或塘沽，中國朝廷就會屈服談和。

談和中，中國皇帝要的和西方國家要的很不一樣，所以其實也不會有太多爭執。只要答應中國不靠近皇帝所在的區域，就能夠換來固定關稅、換來領事裁判權、換來更多通商港口，以及換來最惠國待遇。

短短幾年內，主要的帝國主義國家都在中國歷練了一番，嫻熟了這套模式，獲得了許多利權。甚至到一八五三年，美國海軍駛入日本海港，製造「黑船事件」之後，他們就將這套在中國演練純熟的模式套到日本頭上，準備好了完整的「不平等條約」，逼迫當時同樣無知的德川幕府簽訂。在日本人什麼都弄不清楚之前，美國、英國、俄國、荷蘭等國都得到了最惠國待遇。

10 「列國」與「天下」世界觀的衝突

來到遠東的這些西方國家，都從一六四八年之後的「西發里亞秩序」中鍛鍊出豐富的「列國」經驗，很容易將中國放進他們的這套世界觀中，當作另一個「列國」。但相對地，中國沒有一套有效的世界觀可以擺放像英國這樣的國家。即使簽訂了「南京條約」，不得不承認英國的存在，然而在意識上仍然不明白以中國為中心的「天下」要如何處理英國。

這是兩種世界觀的嚴重衝突。如果放在「列國」世界觀中，中國應該可以從和英國的交涉中學到教訓，知道英國是「列國」之一，所以和英國的彼此對待方式，會被類推到和其他國家的關係上。但在「天下」的世界觀中沒有這種類推，於是就變成一再重來的悲劇——首先是判斷錯誤，在許多細節上堅持不肯讓步，訴諸於「華夷之辨」的尊嚴，引來軍事威脅，被迫屈服後，在條約上進一步付出重大代價。

相較之下，日本在很短的時間內就從懵懵懂懂的情況中覺醒過來，看清楚「領事裁判權」是對國家利益與安全最大的威脅。而要拿回「領事裁判權」，就必須說服西方國家，日本擁有和他們一樣的現代法律，不是野蠻人，可以用日本法律文明、公平地管轄西方人。源此，日本展開了積極快速的「維新運動」，其實也就是從政治、法律層面進行高度的西化學習。

比較中國和日本的差異，更清楚凸顯出兩種世界觀衝突的核心，就在於皇帝或皇權。一直將皇帝、皇權抬高放在「天下」的中央，是使得中國難以將自己放入新的「列國」結構中最關鍵的障礙。

第七講

清中葉改革動能及其限制

01「十全老人」背後的軍事動員目的

乾隆皇帝號稱「十全老人」，他自豪的「十全」項目都和軍事武功有關。[9] 康雍乾三朝的確是近世中國歷史上對外擴張增加最多國土的一段時間，取得青海、進占西藏，然後又拿下新疆。新疆原名「回疆」，顧名思義是回人、伊斯蘭教徒居住的區域，和中國社會文化有相當差異，乾隆二十四年平定大小和卓之亂後被併入清朝疆域之內。

換另一個角度看，康雍乾三朝併入的這些地區性質很不一樣，然而朝廷發動武力卻有著大致相同的考量與動機，那就是為了維繫清朝的兵制。清朝最大的特色在於軍民分離，屬於兩個截然劃分的系統。朝廷不向人民要求力役貢獻，而且為了保有滿洲人對軍事力量的獨占，避免漢人叛變威脅，所以長期維持八旗制度，從剛開始的「滿洲八旗」，皇太極時期擴展出「蒙古八旗」、「漢軍八旗」，入關後再以「綠營」作為補充兵力。

要讓這套獨立的軍事系統能夠有效運作，最好的方式就是避免閒散。如果長期閒置，不只等於國家要耗費龐大資源養不用之兵，而且不打仗的軍隊很難維持訓練與戰備，長久下來必然懈怠懶散。

在這方面乾隆皇帝做得特別好，他不斷決策對外用兵，得以有效地維持王朝的軍事實力。不過這種做法很難一直持續，畢竟疆土開拓有其極限，到乾隆皇帝退位時，也就沒有留下什麼還可征服的地方給繼位的嘉慶皇帝了。

對嘉慶皇帝來說更可憐、更糟糕的是，他即位時這位了不起的父親還活著。清朝前幾位皇帝都有很強烈的使命感，和明朝的皇帝很不一樣。他們必須對祖宗家法負責，天還沒亮就要起床準備早朝，為的就是遵守祖宗家法的規定。更進一步，皇帝自身也有著高度自覺與自主標準，尤其關切要對歷史交代。在這點上，乾隆皇帝表現得尤其明顯。

乾隆皇帝頗在意自己在歷史上的排名，要和過去的皇帝比成績，很多作為、決策都出自這樣的用心。要名列前茅，當然就要做之前的皇帝沒有做、做不到的。到了晚年，他選擇了一項很少有皇帝能做到的，就是在活著的時候將皇位讓出來，博得歷史上至高的「禪讓」名聲。而讓給誰呢？讓給自己的兒子，所以是「內禪」。

在位整整六十年後，他將皇位「內禪」給皇十五子，也就是後來的嘉慶皇帝。

9 乾隆五十七年，乾隆皇帝親撰《十全記》，文中列出他的「十全武功」：「平準噶爾為二，定回部為一，掃金川為二，靖臺灣為一，降緬甸、安南各一，二次受廓爾喀（尼泊爾）降，合為十。」

02 太上皇與皇帝間的尷尬權力結構

乾隆堂皇地成就了他的「十全」人生，但從嘉慶的角度看，他從一開始就是個尷尬的皇帝。他排行十五，上面有很多哥哥，當皇帝當到不要當的父親又還活著，從父子關係到兄弟關係，樣樣都沒有順理成章的模式可循。

在朝鮮史料中有一段記錄，嘉慶即位後，朝鮮派遣敬賀使前往中國。敬賀使首先到御榻前跪叩，去拜見太上皇。太上皇宣旨明確地說：「朕雖然歸政，大事還是我辦。你們回國，問國王平安，道路遼遠，不必差人來謝恩。」（《朝鮮王朝實錄．正祖實錄》）特使來慶賀新皇帝即位，見的卻還是舊皇帝，而且舊皇帝告訴他們，和屬國有關的「大事」照舊還是由他來管，還交代回去告訴朝鮮國王，新皇帝給了什麼賞賜，也不用勞師動眾來謝恩。

朝鮮特使心中有一個疑問非問不可，卻必須等到入館所之後，才能私下問通譯人員。問題是：「從今以後，小邦凡有進奏、進表之事，太上皇帝前及嗣皇帝前，各進一度耶？」將來我們小國如果有事，要進奏、進表時，是要準備一份還是兩份奏書？只要給太上皇，還是嗣皇帝也要一份？表面上問奏書，但更麻煩、更困擾的是：以後貢禮是不是也要準備兩份？如果只有一份，是送太上皇還是嗣皇帝？

這個問題問倒了通譯，既然是開朝以來沒發生過的事，當然也就沒有事先考慮、準備。過了幾天，才有敕旨來說：「此後外藩各國，惟頒查照年例具表齎貢，毋庸添備貢物，於太上皇帝、皇帝前，作兩份呈進。」意思是一切按照過去慣例與規定進貢就好，不用準備兩份貢物，你們照一份送來，我們這邊自己處理太上皇和皇帝的分配問題。

這解決了朝鮮的疑問，然而朝廷內部卻沒那麼容易安排。鼎鼎大名的和珅為什麼在此時得到大權，其實就是在太上皇與皇帝的尷尬結構夾縫中製造出來的。又是從《朝鮮王朝實錄》中看到的，和珅最主要的工作就是代表太上皇去跟皇帝傳話。太上皇有什麼事要告訴皇帝，就由和珅居間處理。

嘉慶皇帝很為難，因為形式上、法理上「天無二日」，他是對外絕對威權的代表，可是實質上太上皇當慣了皇帝，根本不可能讓兒子自作主張。甚至可以說，如果嘉慶皇帝看得到後世子孫光緒皇帝的情況，他說不定都還要感到羨慕。光緒當皇帝時，由慈禧太后「垂簾聽政」，隔著一道簾子，慈禧就坐在後面，擺明了光緒只是個傀儡，坐在前頭裝裝樣子。臣子假裝對著光緒皇帝說話，但實際上他聽或不聽都無關緊要，真正要啟奏的對象是後面的太后。但這種形式，至少不需要有人居間傳話。

年過八十的乾隆皇帝耳朵重聽，只有和珅能在這麼近的距離和他說話。大臣無法面稟太上皇，但很多事又必須由太上皇決定，去找皇帝也沒用。於是大家都知道，與其向嘉慶皇帝上奏，還不如找和珅，請和珅傳話代奏太上皇，如此和珅當然集大權於一身。

03 乾隆遺誥和嘉慶上諭透露的玄機

太上皇年紀愈大、能力愈衰退，對和珅的依賴就愈深，而和珅權力愈大，他和嘉慶皇帝的矛盾緊張也愈強。在這方面，和珅缺乏足夠的認知與警覺。嘉慶四年正月初三，大過年間，乾隆太上皇去世，留下了一份遺誥。後來嘉慶皇帝的《實錄》中卻找不到這份遺誥的記錄，要從當時接到遺誥，並且鄭重記錄、保留的朝鮮朝廷那裡，才得以還原遺誥的內容。

正月初三，遺誥由太上皇所居的寧壽宮發出，主要是總結乾隆一生的事業功績；而第二天，正月初四，嘉慶皇帝也發出關於太上皇去世的上諭，等於是以兒子身分對於父親的一份評價。兩相對照，就比對出了特殊重點。

遺誥中列入乾隆功勞的「平定川省教匪」，[10] 在嘉慶的上諭中被刪除了，而且上諭其中一部分就強調地談「川楚教亂」。「川楚教亂」就是白蓮教的騷動，遺誥中當作已經解決，但新皇帝的上諭特別表示不同意，所以強調宣告要如何處理「川楚教亂」。上諭中還說：

> 此等教匪滋事，皆由地方官激成。即屢次奏報所擒戮者，皆朕之赤子，出於無奈，為賊所脅者。……輾轉追捕，迄無蕆事之期也。自用兵以來，皇考焦勞軍務，寢膳靡寧。大漸之前，

猶頻問捷報。迨至彌留，並未別奉遺訓，仰窺聖意，自以國家付託有人，他無可諭。（《清仁宗睿皇帝實錄・卷三十七》）

這是明白表示初三從寧壽宮發出的遺誥，不是真的出於太上皇的意思，國家天下已經交給了新皇帝，太上皇沒有什麼好不放心的，也就沒有什麼需要特別交代的。而遺誥為假，其中一項證據正是「川楚教亂」，太上皇一直很關心，去世之前還焦慮地在等待捷報，怎麼可能會在遺誥中顛倒地將「川楚教亂」當作已經平定了呢？

這就說明了為什麼《清實錄》中沒有收錄這份遺誥。而且如果遺誥是假造的，當然要追究是誰那麼大膽敢假造，這矛頭必定指向和珅。

同一時間，王念孫等大臣相繼彈劾和珅弄權舞弊，於是到正月初八，嘉慶皇帝再發出上諭，逮捕了大學士和珅及阿附他的戶部尚書福長安。到正月十一日，接著宣布和珅的二十項大罪。

其中第一項罪名發生在乾隆六十年九月初二，那是舉行冊封皇太子典禮的前一天。照道理說，要在冊封典禮上才正式宣告皇位要交給誰來繼承。然而前一天和珅就已經到當時的皇十五

10 《朝鮮王朝實錄・正祖實錄》中記錄乾隆太上皇遺誥云：「近因勦捕川省教匪，籌筆勤勞，日殷盼捷。已將起事，首逆緊要各犯，駢連就獲。其奔竄夥黨，亦可計日成擒，蕆功在即。比歲寰宇屢豐，祥和協吉，衷若可稍紓。」

子，也就是後來的嘉慶皇帝面前遞上如意，預先通知他被選為皇太子。這不只違背禮儀、洩漏機密，還僭用了皇帝的權力，向未來的皇帝示恩。

和珅應該自認為靠著這樣的行動，可以清楚地向嘉慶皇帝表示，他之所以能從眾皇子中脫穎而出，自己是有大功勞的。和珅要倚靠這樣的關係遊走在兩位皇帝之間當傳話人，而且認定會得到嘉慶皇帝的感激與親近。

和珅在乾隆皇帝身邊得到重用，到被劾二十項大罪抄家賜死，其間大約十七、八年。抄家竟然能抄出那樣的財富，[11]說明了這段時間裡，雖然有一前一後、一新一舊兩位皇帝，但真正能夠行使皇權的卻是居於兩位皇帝中間的和珅。因而大家都想盡辦法要巴結討好他，才會聚攏了足以敵國的家產。

04 從「苗亂」看「養賊自重」的軍事弊端

為什麼那麼多人要攏絡和珅，這又和乾隆晚年出現的「苗亂」與「白蓮教之亂」直接相關。「苗亂」的根源是苗族與漢族間的民族衝突。乾隆六十年二月初四，皇帝給軍機大臣的上諭中說：

> 貴州、湖南等處苗民，數十年來甚為安靜守法，與民人等分別居住，向來原有民人不准擅入苗寨之例。今因日久懈弛，往來無禁，地方官吏，暨該處土著及客民等，見其柔弱易欺，恣行魚肉，以致苗民不堪其虐，劫殺滋事，迨至釀成事端。……看來石柳鄧、石三保等，不過糾眾仇殺，止當訊明起衅緣由，將為首之犯拏獲嚴辦，安撫餘眾，苗民自然怗服。何必帶領多兵前往，轉致啟其疑懼，甚或激成事端。（《清高宗純皇帝實錄．卷一千四百七十》）

貴州、湖南地區的苗人幾十年來安靜守法，和漢人分開居住，政策上禁止漢人任意進入苗人部落中。然而就是因為地方官沒有嚴格執行禁令，才出現了種種欺壓苗民的舉動。苗亂之起，源於苗民不堪欺壓，起而反彈、報復，殺漢人洩恨。

所以適當的處理方式是冤有頭、債有主，一方面懲罰欺壓苗民的人，另一方面將鬧事的人抓起來，盡量安撫，就會平息無事了。多派軍隊去，反倒讓苗民恐懼懷疑，擴大事端。

上諭中的看法很明白：這本來是政治問題、社會問題，不應該採取軍事手段解決。然而短短

11 據《清史稿．和珅傳》，所列和珅二十大罪狀中，後六項全跟貪汙所得家產有關：「所藏珍珠手串二百餘，多於大內數倍，大珠大於御用冠頂，大罪十五。寶石頂非所應用，乃有數十，整塊大寶石不計其數，勝於大內，大罪十六。藏銀、衣服數逾千萬，大罪十七。夾牆藏金二萬六千餘兩，私庫藏金六千餘兩，地窖埋銀三百餘萬兩，大罪十八。通州、薊州當舖、錢店貲本十餘萬，與民爭利，大罪十九。家奴劉全家產至二十餘萬，並有大珍珠手串，大罪二十。」

兩天之後，湖廣總督福寧上奏，表示情況嚴重，於是引來新的上諭回應。這次的上諭簡短多了，指示：

> 此事前據劉君輔奏到，朕尚以為不過該處苗民互相仇殺，毋須大辦。今閱福寧所奏，竟係逆苗等聚眾不法，膽敢搶城傷官，必須痛加勦除。……福康安久嫻軍旅，屢著勳績，……沿途加緊行走，以便迅速到彼，相機勦捕。（《清高宗純皇帝實錄．卷一千四百七十》）

皇帝認為「逆苗聚眾不法，必須痛加剿除」，於是命雲貴總督福康安「迅速到彼，相機剿捕」。不只口氣和前一份上諭很不一樣，連立場也大逆轉了。福康安是乾隆在位後期最倚重的大將，參與了許多戰役。比對史料可以解讀出來，推翻盡量不用兵立場的，顯然和珅和福康安在皇帝那邊做了特別的工作。本來不用兵、要安撫，兩天之後卻翻轉為不只要出兵，而且立刻派遣曾率領精英部隊南征北討的福康安前去處理。

八天之後，又有一道上諭，命令當時率軍在西藏的和琳先不要返京，然後將四川總督孫士毅解職，將印信交給和琳，改任和琳的協辦。和琳是誰？光看名字就猜得到吧，他是和珅的弟弟。如此，四川這邊就由和琳進行軍事行動，和湖南那邊的福康安配合。

在政治上，這是將「苗亂」等級大幅提升，動用七省的精銳部隊進剿。這兩位將領不斷傳來捷報，也就靠著征討「苗亂」的功績持續得到封賞。《清史稿．福康安傳》記錄，藉著「苗亂」

戰功，福康安得到一頂「三眼花翎」，接著又從公爵進封為「貝子」，又賞「貂尾褂」。再來他的兒子德麟升任副都統，在御前侍衛上行走。然後再賜「御服黃裡玄狐端罩」，特准福康安衣飾上可以用皇家的顏色，一層一層堆上賞賜。

和琳的收穫也不少。他得到雙眼花翎，封一等宣勇伯，賞上服貂褂，賞黃帶，加太子太保，賞玄狐端罩。

一直傳捷報，但「苗亂」拖著沒有完全平息。一直到第二年（嘉慶元年）八月，因為白蓮教亂事從湖北蔓延到四川，需要派兵處理，突然間就奏聞「苗亂」已經平定。

清朝宗室昭槤的《嘯亭雜錄》中有一段對於這件事露骨的評論，說福康安「養賊自重」，來換取更多封賞，所以故意不積極進兵，與和琳兩人日夜飲酒聽樂，部下有很多人和敵人勾連，加上地勢嚴峻，實際上軍事根本沒有進展。[12]

這種「養賊自重」的作風，和「十全老人」的偉大成就是一脈相承的。軍事不斷擴張的過程中，這些帶兵的將領學會了，打仗要打贏，但不能贏得太快、太徹底。將三場可勝的戰役拖成十場，皇帝就能多收集十場的功績，將領也能得到十場、而不是三場的封賞。

12 《嘯亭雜錄．卷七》「傅厚庵」條云：「湖南苗疆蠢動，毗連三省，時福文襄王為滇督，因率兵討之。……王惑於幕客言，欲養賊自重，以邀封拜，乃頓兵不進，與川督和公琳日夜飲酒聽樂。苗匪因玩視王師，煽惑勾連者日眾，加以山崖險阻，我兵不能寸進。」

還有，帶兵的人要得到封賞，就需要有敵人；沒有敵人，也得想辦法養出一個來。下一個敵人沒出現前，現在的敵人就不能解決掉，等新敵人出現，新的封賞機會到來，才能宣告舊敵人已經了斷。

05 亂事綿延之因：反逆者與順民比例改變

乾隆時期用兵準噶爾、回部等，是不折不扣的開疆拓土；可是到後來出現「苗亂」、「川楚教亂」，雖然也是用兵，方法和意義卻都很不一樣了。

這些是原本就已經設官治理的地區，卻在統治上出了問題，本來馴服的人民現在不服了。換句話說，在這種環境裡，有反逆者、也有順民，敵人或不是敵人，身分是不確定的。遇到像福康安、和琳這樣老於「養賊自重」的人，情況可就不妙了。本來不是「賊」的，在拖沓的情況下真的可能變成「賊」，反逆者與順民的比例也跟著改變。

這些人為了「養賊」，非但不會重視管理統治上的問題，甚至還會阻擾政治上的解決途徑。如果治理能夠上軌道，他們「養賊」的利益就會被減損、傷害。

針對「苗亂」，乾隆皇帝的第一道上諭有見地，看到了政治上的因素，要從治理方面下手處置，將責任放到地方官身上。然而對滿洲的世卿貴冑來說，他們的機會就消失了。他們要的是軍事動員，和琳領兵一到，就奪走原來總督的印信，總督降等成為他的協辦，多好、多威風！

於是產生的實際效果是：哪裡有亂就派軍隊去那裡，軍隊一直有事可忙，但軍隊所到之處，亂局卻只會更嚴重。「養賊自重」養到後來，反逆者也有了經驗，知道如何形成互動模式，那就是「兵至苗去，兵過苗集」（孟森《明清史講義》語）。他們知道官兵沒有要戰鬥到底，更不會積極追擊，所以一時可以躲過；不久之後留的官兵走了，他們又可以回到原地，還可以更加壯大規模。

魏源的《聖武記》中收錄有一份上奏，描述了白蓮教徒坐大的經過。白蓮教徒到達一個村莊，會先叫壯丁加入他們的團體，和官軍對陣時，將這些新加入的人擺在前面，真正的教徒跟在後面。如果前面擋不住，後面的可以趕快先逃。如此保住實力再到下一個村莊集結，重新裹脅新的成員。

如此一來，官軍有所收穫，可以向朝廷報捷求賞，然而殺的都是被裹脅的百姓，真正的白蓮教徒實力沒有受到嚴重損害。而且那些被逼著衝在前面的人，如果面對官軍抵擋住了、活下來了，他們就升等成為真正的白蓮教成員，壯大組織規模。這就是亂事不斷延長、遲遲無法解決的根本原因。用這種方式，賊寇勢力只會愈來愈龐大。

這場亂事又稱「三省教亂」，主要波及了四川、湖北、陝西三個省分。騷動範圍很廣，綿延時間很長（嘉慶九年才平定），是清朝中期最重要的轉折事件。到了「三省教亂」，沒有種族因素，動員民眾的主要力量是信仰、是教義，後來的「太平天國」也是依循同樣的模式。

06 清代的祕密會社為何比以前活躍？

以教義動員，進而以教團裹脅人民，背後還有祕密會社的發展。任何時代都有不見容於朝廷，甚至不見容於一般社會集體倫理價值觀念的活動。正因為不被支持，所以從事的人更需要有組織的保障，還要以信約為基礎互相綁住。然而特別之處在於，清代的祕密會社活躍程度遠超過以前。

為什麼會如此？其中一個最常被提及的理由，是和種族關係連結在一起的。例如最有名的「洪門」、「天地會」，因為抱持漢人立場反對滿清統治，當然非得以祕密形式為之不可。除此之外，不能忽視的是清朝統治模式帶來的影響，意思是從康熙、雍正朝以來朝廷對於社會的相對低度干預。

入關建立政權之後，滿清朝廷費了很大力氣收攏並監視士大夫，但對於一般民眾，其侵擾程度卻很低。「攤丁入地」之後，朝廷財源在地不在人，戶口也鬆弛了，過去成文或不成文的里甲制度運作，也不再受到朝廷的嚴密管控。加上近世城市到交通系統的持續建設、擴張，人與貨物的流動變得更方便，要掌握人口比以前更困難。

明太祖設計的制度，意圖控制到每一個家戶，在這方面，清朝並沒有繼承和依循。作為外來政權，康熙皇帝訂定了以不擾民來換取廣大漢人支持、至少不反叛的原則，而且後來以「永不加賦」、「地丁合一」等政策落實收效。長此以往，也就積累了愈來愈難處理的後遺症。

最主要是朝廷和底層的里甲缺乏有效的聯繫，而且底層沒有可以恢復秩序的準備。一旦有動亂發生，一來朝廷很難掌握情況，亂事會在短時間內推翻原本就鬆散不密實的地方秩序；而舊秩序一旦瓦解，又沒有現成的方法能夠予以復原或創建新秩序，脫序混亂的狀況會拖延，進而影響更大的區域。

地方官連自己治理的轄區到底有多少人口都不能精確掌握，無法形成人口密度分布的基本概念，遇有亂事，就等於失去了動員地方自主組織來初步平亂的能力。如果上報，引滿人帶領的職業軍隊大張旗鼓地進入鎮壓，等於又多增添一項亂源。

和地方沒有任何關連的滿人部隊很醒目，如何行動大家都看得到。這就是為什麼會「兵至苗去」，很容易藉臨時散夥規避官軍攻擊，但「兵過苗集」，本來就在地方上的人，只要官軍稍微離開，也很容易又集結起來。

於是沒有一個可以支援軍隊的社會安全組織，提供根本解決問題的依賴。而從朝中的滿人大臣到實際帶兵的滿人將領，他們還有一種根深柢固的心態——不願干涉漢人民間事務，盡量避免「擾民太過」。

道光朝討論鴉片問題時，反對「嚴禁」的其中一種聲音就來自滿人大臣，他們特別強調執行上的困難。嚴禁、嚴懲的根本在於確認誰吸鴉片，如此就一定要侵入、干涉眾多人民的日常生活，這明顯已經構成「擾民太過」，也屬於滿清祖宗家法特別防範的領域。

是靠著林則徐的上奏，由一位漢人大臣來告訴皇帝，關於「嚴禁」這件事人民會有什麼樣的心理反應，才得以有效抵銷對於「擾民太過」的顧慮。

07 從造「霆船」看海盜問題與官場態度

乾隆年間的關鍵變化，是長期用來開疆拓土的軍隊轉變為運用在對付內亂上。因為不斷開疆拓土，軍隊保持活躍不懈，也習慣了在行動中取得獎賞。但平亂真的不是那麼容易的事，將集聚的苗民或白蓮教徒打敗、打散了，他們往往就消失了，等到軍隊攻擊的壓力沒那麼強時，他們又出現了。於是軍隊的動員、駐守、作戰，時間上愈拖愈長。

這是「用兵易、撤兵難」，剛開始或許可以藉由拖長戰爭多博得封賞，像福康安與和琳那樣「養敵自重」，但到後來，敵不需要你養，他們已進入地方社會結構中不會走了，官軍的處境也就愈來愈麻煩。

軍隊長期布防，亂事時起時滅，沒有人敢保證軍隊離開後白蓮教徒不會再起事，那就讓軍隊一直保持動員狀態，久了必定紀律弛廢。而從皇帝統治的角度看，也沒有強烈動機要將軍隊撤回來。清朝的兵制裡沒有「解甲歸田」這件事，因為拓邊而擴大規模的軍隊，如果沒有仗打，還真不知該要他們做什麼。

「八旗」擴張為「滿洲八旗」、「蒙古八旗」及「漢軍八旗」，入關後又加入「綠營」，他們都是職業軍人，而且得到的是比一般行業來得優渥的待遇。又因為以滿洲血統為核心，在帝國的結構中占有較高的地位，滿洲人不可能離開這個組織，原本的漢人進來之後，也很難讓他們自願離開。

中國歷史上的士兵多半是義務性質的，被國家動員來時，甚至要自己帶糧食、備武器，哪有像「八旗」、「綠營」那麼優遇的？軍隊規模有增無減，軍費當然不斷水漲船高；但另一方面「地丁合一」後，人口增加不會給朝廷帶來更多的稅收，於是國家財政收支愈來愈難平衡。

乾隆、嘉慶年間，連續出現好幾件都很花錢的事。一件是海盜問題。事情是從安南（今越南）開始的，原本黎氏國王的政權，在乾隆五十四年（一七八九年）遭到西山地區的阮惠起兵推翻，是為「前阮」（西山朝）。到一八〇二年又有一次改朝換代，不過新的國王也姓阮，叫阮福映，是為「後阮」（阮朝）。

安南是清朝的屬國，當時黎氏向宗主國求救，乾隆皇帝便命兩廣總督孫士毅率清軍進入安南，攻占了都城黎城，協助黎氏復位。不過孫士毅因為貪功沒有立即班師回朝，守軍在黎城「漫無籌備」（《清史稿‧屬國列傳二》），以至於被阮惠的西山軍反攻擊潰。於是必須動用福康安去收拾局面。

福康安的大軍駐紮在鎮南關，阮惠遂來求和，福康安仗著自己是乾隆皇帝跟前第一大將，自作主張接受了，讓阮惠取代黎氏當國。乾隆皇帝也承認這項決定，還以上諭稱賞福康安的「犧牲」，意思是如果不接受求和，堅持打仗，一定會贏得勝利、換得封賞。接受阮惠求和，等於放棄了這大好機會。

「前阮」對清朝的態度仍帶有高度疑慮，便積極籌建海上實力，透過法國傳教士的引介，得法國人協助造船、練兵。這支安南海軍成立後，卻經常在海上和中國海盜勾結，資助他們兵船外，還以官銜相誘，將劫掠所得充作軍費，如此助長了華南海盜的影響範圍。

海盜中勢力最大的是出身福建同安的蔡牽。而當時的浙江巡撫阮元，由於有對付鳳尾幫、水澳幫等海盜的經驗，眼光較為開闊，就擬了向當地官商募捐的辦法，由福建水師提督李長庚另外建一支抗衡的艦隊，打造了三十艘配有巨炮的大船，叫做「霆船」，船隻的尺寸與噸位都比蔡牽的船艦來得大。

這過程充分顯現出即使海禁已開，朝廷對於海洋事務仍然嚴重缺乏理解。因為阮元的做法竟然被廣東巡撫孫玉庭參奏攻擊，理由是「從古以來治海疆者，論海防而未聞海戰」（〈防剿洋匪情形疏〉），認為對付海盜就應該要加強沿岸防禦，而不是出海去跟海盜打仗。這件事在當時是違背官場基本觀念的。

在阮元的堅持下，李長庚的艦隊還是建成了，之後接連擊敗蔡牽，軍威大振，有一陣子海盜便收斂了些。不過蔡牽也在升級自己的海上戰力。到了嘉慶十一年（一八〇六年），李長庚雖然一度將蔡牽的船隊封鎖在臺灣安平鹿耳門，最終還是讓蔡牽脫圍。

為了這件事，皇帝降旨責怪李長庚。李長庚上疏回覆：「臣所乘之船，較各鎮為最大，及逼近牽船，尚低五六尺。」（《清史稿・李長庚傳》）他所指揮的船都比蔡牽的船要矮五、六尺，就更不用說隊伍中的其他船艦了。可見蔡牽的船又升高了規模。本來李長庚主張因應之法是再造新船，因為「海賊無兩年不修之船，亦無一年不壞之槓料」，卻被閩浙總督玉德阻擋否決了。雖然皇帝下詔追究此事，畢竟沒有再建更大、更新的船。而等到西洋船艦進來，不管是官軍還是海盜擁有的船，就都不算一回事了。

08「五霸十槓」、冗員剝削等漕運弊病

海患花錢，另外河患也花大錢。黃河的問題累積超過千年，河岸不斷加高堤防，變成河水從人家屋頂上流過的奇觀，任何人都知道必定要釀成災禍。沒有可以徹底疏通的可能，就只好一再雇用大量民工，繼續加高堤防。到了咸豐五年（一八五五年），黃河在河南銅瓦廂終於決堤，改道山東奪大清河河道出海。如此一來，雖然河道下降了，但大批的泥沙也隨著注入山東運河段，使得大運河容易淤積，直接影響南糧北送的漕運。

漕運又連帶影響到運鹽。傳統上鹽有專賣制度，是朝廷的重要收入來源。只要有專賣，當然就有走私。能夠建立專賣，因為北方產鹽不足，需要仰仗淮鹽北運支應。糧食要北運，鹽也要北運，很自然就結合在一起。

淮北的鹽要運送到北京，有一種說法叫「五霸十槓」。船運中河道水深不同，從深水進入淺水，必須換船。換船時貨物要搬下船再搬上船，不同的船有不同空間安排，所以往往還要進行重新分包。基本上，鹽是從價格比較便宜的地方朝愈來愈貴的地方運，五次換船，不斷分包改運，最後價值二十兩的一包鹽，在過程中要多加十幾兩的成本。

官鹽從產地到銷地，漲價了將近百分之七十。這麼高的貨運外加成本，就讓不必走官鹽途徑

的私鹽有很大的市場空間，稍微賣得便宜一點，就能招來很多生意。私鹽大量流通，鹽梟當然就坐大。

白蓮教徒活躍的地區，會有人反對他們的宗教、他們的組織行為而要驅趕他們；相對地，鹽梟活躍的地區，人民反而能吃到比較便宜的鹽，因而沒有人會積極協助官府去取締他們。

運送過程剝削愈嚴重，官鹽愈貴，私鹽的利益也跟著水漲船高。好比官鹽賣到三十塊，私鹽可以賣二十五塊；等到官鹽漲成四十塊，私鹽就可以賣三十五塊。私鹽鹽梟只要敢冒險，就能坐擁龐大利益。如此，私鹽買賣所屬的社會祕密空間不斷擴大，於是從清朝中葉到清朝末年，底層祕密會社和其他變動因素複雜結合、彼此加強，構成了朝廷無法解決的大困難。

鹽商有從煮鹽、曬鹽到運鹽的特許，然而很多鹽商到後來也身兼鹽梟。朝廷給予鹽商特權，也知道特權很值錢，於是各級衙門遇到財務困難時，很自然的反應就是去跟有錢的鹽商借錢。官方要借錢，當然不能不借，如果不借得罪了官員，將來特許的特權可能生變。但借出去容易，要討回來可就難了，那怎麼辦？最有效的方式就是越過官府，直接將部分官鹽變私鹽，靠著賣私鹽的獲利拿回來。因為衙門借了錢沒還，通常對這種鹽商兼當鹽梟的現象也就睜一隻眼、閉一隻眼，不會窮究也無法窮究。

包世臣寫過一篇專論漕運弊病的文章〈剔漕弊〉，描述漕運沿路有很多「衛」，也就是軍事機構。一個「衛」有一名「千總」，負責保護漕運；然後有文官大臣擔任「漕臣」，另外再委派「押運幫官」，一個負責押有載貨的船，另一個負責卸貨之後回程的空船。

經過的每一省都有自己的「糧道督押」，各省「督押」之上，再設一個統合的「總運」。沿途還有很多文武官員以各種名目如「漕委」、「督撫委」、「河委」等參與進來。所以從瓜州上行到天津，牽涉在內的有幾百人。

怎麼可能需要這麼多人來「押」來「督」呢？其中大部分當然都是冗員，純粹來分利益的，大家心照不宣。然而這種閒差便成為各級官員保舉、任用私人的淵藪，不只是誰都無法予以革除，甚至到後來大家都加入搶奪。

這些人的利益從哪裡來？當然就從要求收費運糧的「幫丁」那裡抽取。所以一趟官糧、官鹽的運費高得嚇人，因為太多人在中間要分好處啊！

09 捐官、滿漢官比重，吏治的結構性變動

漕運很花錢，而且是花在難以改革的冗員身上，於是產生了惡性循環。朝廷缺錢，卻不能加賦，必須從別的地方張羅。開銅礦是一條路，但舊礦脈會窮盡，新礦脈也不一定探挖得到。缺錢缺到一定程度，很自然就開始將朝廷的權力拿去直接換錢。

說白了，也就是賣官，不是直接賣官職，而是賣任官的資格，或者說，將做官資格和實際官職分成兩次賣。科舉很難考，而且愈來愈難考，所以很多人願意拿錢來「捐官」，換一個怎麼考也考不上的資格。於是在很短的時間內，有資格可以當官的人數大幅增加。

可是官僚體系不可能同步擴張，有資格當知縣的人多了一倍，但全國還是那麼多縣，每個縣還是只能有一位知縣。那怎麼辦呢？壓力之下，朝廷只好想新的名目，創設「差委」來多容納一些官。

「差委」不是常任官，而是任務指派，有這件事才有這個位子，事情結束了位子也就取消，所以是臨時性質的。那當然要在新辦事務上才會有較多「差委」的空間。到了道光年間，最多「差委」的三個領域分別是：治河、管鹽和漕運。這不就是前面提到最花錢的幾個項目？

這幾件事需要花大錢，加上軍費使得朝廷更沒錢，只好擴大開放「捐官」來籌錢；但這些人付錢買官，還是得給他們有可以任官的希望，不然他們幹嘛繼續出錢呢？所以就在這幾個地方開「差委」空缺以滿足他們。但如此一來，朝廷在這幾個項目上的財政空缺不就又增大了？

還不只如此，這樣的做法徹底改變了清朝吏治的結構。這些捐官者得到「差委」，取得了資歷，就可以去競爭其他常任官職。他們願意花錢買官，有資源、也累積了經驗知道怎麼買，逐漸地他們在常任官方面也大有斬獲。這些人用買賣的觀念看待官位、官職，用不同於科舉考試的方式得到職位，很明顯地，其觀念與作風必然和從科舉上來的人很不一樣。這種人愈來愈多，清朝的官場習氣當然也就愈來愈糟。

乾隆朝之前，滿官很有威嚴，他們大多數都有戰功，帶兵開疆拓土。但到嘉慶朝以降，沒有了開疆拓土的軍事任務，滿官轉而要負責平亂，要參與治理漢人，他們的表現就愈來愈難以稱職，更遑論能建功、彰顯實效了。

早期康熙皇帝立下了定制，注意到滿、漢官職權的分配，讓滿官得以藏拙，不會讓滿官去管需要漢人文化社會背景能力的事。但到了嘉慶、道光年間，這樣的滿漢劃分被打破了，相對地滿官的表現愈來愈不如人意，尤其愈來愈比不上漢官。於是另一項結構性的變動也在伏流中發展，那就是朝廷裡的滿、漢固定地位動搖了，滿官依舊占有表面的優勢，但漢官逐漸掌握愈來愈大的實權。

不過漢官有漢官的問題。有一種是只會考試的，沒有實際能力，也沒有原則風骨；一種是學問家，在古籍考據或金石研究上積累深厚，但和治理現實卻有很大的知識與意識上的距離。現在又多加一種從捐官出身的人，他們多半在地方，心中、腦中將自己的官職收入與權力地位算得很清楚，卻不怎麼在意人民生計，也不怎麼在乎國家大政。

10 湖南帶起的地方吏治「實務」精神

吏治的變化與敗壞，是清朝無法有效處理內憂外患的根本因素。我們可以從反向看出這項因素的重大影響。自清朝中葉以後，湖南就經常動盪不安，像是「苗亂」的紛擾。但在之後更大的亂事「太平天國」衝擊中，卻也是湖南一地出現了團練新辦法，不只守住了湖南沒有淪陷，後來還以湖南及「湘軍」為基礎，終於逆轉情勢，得以消滅「太平天國」。

曾國藩當然是這段歷史的核心人物，不過往上追溯，我們會看到像陶澍、賀長齡這樣的湖南籍官員。他們的共同特色是強調「實務」，倡議《經世文編》。「經世」是此時出現的一個創新知識分類，將和現實有關、對於處理現實事務有幫助的文章收錄在一起，和傳統的經書、史書區分開來，讓做官的人可以得到不一樣的觀念與能力訓練。

湖南成為在動亂經歷中認真尋找實務解決之道的地方。這樣的精神滲透進地方吏治中，才有曾國藩在這基礎上的發揚光大，使得湖南和其他吏治持續敗壞的地方明顯地劃分開來。到清末、延續到民國初年，湖南在中國政治上始終扮演了很特殊、很突出的角色。

第八講

絕不太平的「太平天國」

01 太平天國是和清朝並存的朝代？

要理解「太平天國」，現代史學中有兩本重要的參考著作，一本是羅爾綱的《太平天國史稿》，另一本是郭廷以的《太平天國史事日誌》。兩本書都很難得，因為太平天國的史料嚴重散佚，一度受到清朝官方刻意毀壞與改造。兩位史家耗費很大的工夫，不只蒐羅中國的各種史料，還要延伸運用外國史料，消化形成敘述與理解的架構。

他們的成就當然必須站在更廣大的史料與論文研究基礎上。能夠做出這樣的成績，另外也反映了二十世紀史學界對於太平天國的重視。這和中國共產黨翻轉中國歷史價值的史觀是一脈相承的。幾乎所有過去在史書中依照朝廷立場視為「亂」、「反」的事件，在「新中國」的史著裡都改寫為「農民起義」。這當然不只是單純字句上的變化，而是要反轉合法性，認為造反有理，鎮壓造反的才是人民的敵人。

在這樣的新價值態度下，太平天國格外重要。郭廷以運用的形式是「日誌」，從一八五一年（咸豐元年）一直到一八六八年（同治七年），將每一件史事、每一條史料，按照一天一天依次編寫進去。羅爾綱的書從書名上看沒有那麼奇特，但細看其體例，又是另藏玄機。他在二十世紀中葉寫這本書，卻刻意運用了傳統「正史」的形式：原版的第一、第二卷是「本紀」，第三卷到

第六卷是「表」，第七卷到第十五卷是「志」，最後第十六卷到第二十七卷是「列傳」。

從這樣的形式看，明顯表現了太平天國是一個出現在十九世紀中葉的合法政權，一個和清朝並存的朝代，而不是清朝歷史中的一個反逆騷亂事件。這樣的態度和立場，不是羅爾綱、郭廷以自己創造、選擇的，而是可以遠溯到馬克思、恩格斯。

中國發生太平天國之亂，消息第一時間就傳到西方，吸引了馬克思和恩格斯的注意，他們認為太平天國將改變列強和中國之間的關係，有效地阻礙帝國主義在中國的發展，製造出帝國主義東方前途上一項難以控制的變數。

因而，「新中國」對於太平天國的評價必定是正面的。而且進一步整理太平天國的史料，也很容易察覺，太平天國在中國歷史上源起、擴張的過程，和中國共產黨的發展軌跡有很多類似、重疊之處。

02 中國共產黨和太平天國崛起的相似性

太平天國訴諸於中國歷史「小傳統」伏流中一直存在的素樸平等信念。為什麼有人窮、有人富？更奇怪的，為什麼富人那麼富、窮人那麼窮？同樣都是人，卻在財富上有這麼大的差異，怎麼來的？

富人容易將自己的財富與享受視為理所當然，不會問也不需要問這種問題；但相對地，窮人常常會在羨慕或忌妒的心情中生出這樣的疑問，並對現實中的分配狀況感到不公平。每個社會都有這種素樸的平等訴求，在中國也往往成為刺激底層騷亂的一大力量。當農民受到荒欠或戰爭影響，幾乎要活不下去，卻同時看到富人仍能吃飽穿好，相對被剝奪感升高到一定程度，就寧可訴諸賣命、賭命的方式予以宣洩。

這種情緒存在上千年，曾經鼓動幾千次的騷亂事件，不過太平天國有一個很不一樣的地方，就是給素樸的信念一套外來的真理包裝。用一種不是傳統大家所熟悉的說法，卻正因為是外來的，帶有陌生性質，聽起來更有道理。這種訴求、這種狀況，在太平天國滅亡半個多世紀後，又在中國以另一種更為波瀾壯闊的方式複製出現，那就是中國共產黨的革命運動。

從一九二〇年代快速崛起，到一九四九年取得全中國的政權，開始了長期的統治，除了外緣如中日戰爭的因素外，在內緣、根柢上，中國共產黨憑藉的就是創造出能夠將農民和知識分子結合在一起的思想與組織。

這在中國歷史上幾乎完全沒有前例。我們可以用明末的情況做個明顯的對比：以農民組成的「流寇」得不到士人的支持，李自成的組織裡吸引不了什麼士人，無法建立一個像樣的政府；而由士人組構的幾個南明政權又得不到民心，在基層社會的建造上徹底失敗。

能鼓動人民的，是革命推翻既有秩序，但這是士人最害怕的；而士人所支持的既有秩序、恢復舊秩序，又明顯違背了農民要翻身的強烈情緒，怎麼可能吸引農民呢？然而在中國共產黨崛起過程中，我們看到馬克思主義發揮了前所未見、巨大的社會階層團結作用，是中國共產黨成功的重要關鍵。

一端是農民，他們被素樸的「共產」平等觀念所號召、動員；另一端是知識分子，他們嚮往馬克思主義的外來先進學說，尤其是背後的科學理論保證。如此中國共產黨完成了歷史性的社會連結，所以能在短時間內迸發出驚人的力量，從知識到組織到武裝戰鬥，都遠遠超過包括國民黨在內的中國當時其他政治勢力。

以這種方式崛起的中國共產黨，在建國之後重新整理歷史，不會沒注意到類似的模式出現在太平天國。名字叫「太平天國」，強調的不是「和平」而是「平等」；而且在凸顯「平等」重要性時，洪秀全引用了外來基督教作為權威，創造了一個奇特的「拜上帝教」。披著外來宗教真理訴求的偽裝，使得太平天國和之前的地下會黨，以及五斗米教以降到白蓮教的各式團體，都顯得不一樣。過去地下團體的信仰基礎都入不了士人的法眼，是被士人剝奪其地位與合法性的邊緣思想，於是在動員上有極大的先天限制。

太平天國的全新信仰直接聯繫上從鴉片戰爭到南京條約，大幅衝擊士人文化的西洋思想，再和底層的農民組織綁在一起，讓朝廷和士人們不知該如何應對。更重要的，如同後來的共產主義運動，參與其中的人感受到一份理想與希望的鼓舞。集體行動不只是為了替自己找到溫飽，而是為了在現實中建造「天國」。

接受信仰動員、改造的農民，因而展現了一種特殊的紀律，讓太平天國可以創建政治與財政組織，才能夠將政權延續那麼久。

03 洪秀全與「拜上帝教」的信仰核心

太平天國的中心人物是洪秀全，他是一個典型狂熱教主型的角色；另外，也和之前成功帶領農民打天下的朱元璋一樣，都是個制度狂。制度狂的性格和教主型的個性在洪秀全身上完整結合，他的野心是將所有的事物重新安排、打造。他缺乏現實感，也不尊重現實，這是使得太平天國給中國社會帶來大騷亂、大破壞的主因。雖然前後只有不到二十年的時間，太平天國卻創建了許多制度，其中很大一部分帶有強烈的空想性質。

洪秀全於一八一四年（嘉慶十九年）出生在廣東花縣。中國歷史重心不斷南移，到了近世後期，移到了最南方的廣東、福建。這些地方是最南方的邊疆，卻又在此時因為海洋通路的變化，得到新的動能與資源。南方邊界的重要性，尤其是人才崛起的巨大力量，在中國傳統朝代史的最後五十年呈現了爆炸性的發展。

洪秀全只是這波爆炸性發展的前驅。來自廣東香山的孫中山、來自廣東南海的康有為，以及來自廣東新會的梁啟超，都繼而成為歷史舞臺上的要角。

洪秀全二十三歲時到廣州應考，考試落榜了，卻在那裡遇到一個叫梁發的傳教士，給了他一本宣揚基督教的小冊子《勸世良言》。廣州是當時唯一允許外國人通商的港口，有最早的中國基督新教教會，接觸到新現象與新思想，帶給洪秀全很大的刺激。

據他自己的說法，回到家後，他就開始生病，發燒而且有囈語現象，到後來愈發嚴重，簡直像是瘋癲了。大病四十天中，他得到了天啟。之後他又曾兩度去應考，三年一試，經過了六年時間，兩次又都落第。於是他下定決心不再考試，依照六年前得到的天啟，創立了「拜上帝教」，接著攏同他的好友馮雲山開始傳教。

「拜上帝教」的基本觀念來自《勸世良言》。這本小冊子的內容，原本只是要給在中國稍微認得一點字的人，對於基督教得以有最基本的認識。洪秀全從中吸收並凸顯了三件事，作為「拜上帝教」的信仰核心。

第一，只有上帝是真神，其他一切為人所崇拜的偶像都是妖魔。第二，所有的人都是上帝的子女，因而都是平等的。第三，上帝愛世人，所以讓「上帝太子」耶穌降生世上來解救世界。「拜上帝教」剛開始就是宣揚這三件事。

洪秀全和馮雲山在農村傳教的活動引起了廣東當局的注意，他們就轉往西走，進入廣西，在那裡建立了穩固的基礎。在比廣東更偏僻的地方，更遠離士人大傳統影響的地方，洪秀全的宗教觀念成功地碰觸到底層的小傳統信仰。

在鄉間，第一條信念被理解為只有上帝是真的、唯一的皇帝，從反面看，也就是質疑、反對現實的滿清皇帝。康、雍、乾三朝皇帝可以憑靠他們的智慧與個性，收服繼承大傳統的士人，然而這樣的影響力並不能滲透到底層小傳統中。離北京愈遠的地方，對滿洲人與滿洲皇帝的不信任、不認同就愈深。

更能打動他們的，是上帝保證了人人平等這個觀念。洪秀全採取了很極端、很絕對的態度。當他主張所有偶像都是妖魔時，他甚至連孔子的權威都敢挑戰，同樣視之為邪魔的化身。他也直接宣稱，連男人和女人之間都是平等的。所以在太平天國的軍隊中有女子所組成的「娘子軍」，打仗也是男人和女人一起上戰場。太平天國還有「童子軍」，由十二到十五歲的少年組成的。這樣的現象和「新中國」動員婦女，乃至「文化大革命」時動員少男少女組織紅衛兵，有著幽微卻明確的歷史連結。

至於第三件訴求，到了廣西之後有了戲劇性的變化，那就是洪秀全宣稱自己是耶穌的弟弟。哥哥降生卻沒能完成徹底解救世人的任務，所以現在天父再度派下弟弟來繼承使命。如此又和明朝以來就在農村流行的「明王再世」、彌勒佛轉世等根深柢固的信仰結合起來。

04 不只進行身體動員，更加上精神動員

洪秀全和馮雲山在廣西傳教一段時間後，洪秀全又回到廣東，到一八四七年（道光二十七年）他才讀到《聖經》，顯示之前關於基督教的許多說法，是他自己想像發明的。

這一年，他在廣州跟一位美國浸信會傳教士羅孝全（I. J. Roberts, 1802-1871）學習基督教義，當時他仍然認為自己是基督徒，一度向羅孝全請求受洗，卻被拒絕了。如果當時羅孝全接受洪秀全進入教會，洪秀全大概就只會變成另一個梁發，頂多是更有影響力些的梁發而已。但被拒絕後，更加強、確定了洪秀全帶領「拜上帝教」的決心。

他的第一項信條，就使得他和既有社會組織、乃至官府間衝突不斷。他在廣西毀「甘王廟」，那是中國道教眾神主義中的一個地方神祇，有其社會組織上的功能，卻被拜上帝教一視同仁當作妖魔的代表。如此就使得拜上帝教對當地的社群組織產生了威脅。但同時如果當地的社群組織運作並不健全時，這樣的信仰與活動也就能吸引對既有組織不滿、不認同的人來參加。

毀「甘王廟」的行為引來當地鄉紳的危機感，便以團練的力量來驅趕拜上帝教，於是刺激洪秀全突破原先宗教組織的思考，覺得自己也應該要擁有武力。這是太平天國武裝化的開端。

從武裝自衛、繼而於一八五〇年（道光三十年）在廣西桂平金田村聚眾起兵，拜上帝教已經

擁有相當的勢力，隨後便自稱「太平天國」，建立了一個宗教政權。雖然洪秀全宣揚的教義是從基督教那裡抄來的，但在附加想像、並自由運用鄉野語言傳教後，有效地動員了愈來愈龐大的農民部隊。

歷史上農民起義難以成功，主要原因在於缺乏組織與紀律。當肚子餓要求食，或是受鼓舞要分土地、搶女人、奪財物時，他們會有冒險戰鬥的動力，然而這種動力也很容易就退潮。能以這些原因動員農民的人，不見得能成為他們的領袖，因為找不到有效的管理機制。農民起義會在一時造成混亂，但通常也很快就散夥，沒有紀律、沒有組織就無法持久。

太平天國從基督教那裡學來了一些核心做法，例如有固定的禮拜儀式。他們將現在的星期六定為「禮拜日」，視「做禮拜」為最重要的事。在占領的地區內，舉行禮拜儀式的前一天，路口便會掛出旗子，上面寫著：「明日禮拜，各宜虔敬，不得怠慢。」禮拜當天三更子時之後，每一間面街的房子都要點燈，要供茶、供飯，要打鑼召集大家聚在一起。然後有一位「先生」被指派來頌讚上帝，等「先生」講完，眾人才能散去。

在組織活動中還有「講道理」，那是遇到重要事情、或有重要消息需發布時，也會將民眾聚攏過來，解釋事情或消息的內容、意義。發一個命令，要「講道理」；開始一項工程，要「講道理」；處決一名罪犯，也要「講道理」……

這是過去中國傳統社會少見的密集動員活動，創造出一種群體的氛圍，讓農民離開自己原本有限的家族、親友範圍，體驗經常在更廣大群眾間的集體情緒。

藉由這種方式，太平天國得以對這些鄉間農民不只進行身體動員，更加上了精神動員，讓被動員進來的人，自覺屬於這個群眾團體。

05 太平天國創造的平等關係與靈活戰術

洪秀全還模仿《舊約聖經》，訂定了「十款天條」。顯而易見，形式上是模仿《聖經》中摩西從上帝那裡領來的「十誡」，內容上卻是洪秀全的自我發揮。

第一條，要崇拜「皇上帝」，也就是拜上帝教的信仰對象；第二條，不可拜邪神；第三條，不可以妄提「皇上帝」之名；第四條，每七日要參加禮拜；第五條，要孝順父母；第六條，不可以殺人害人；第七條，不可以奸邪淫亂；第八條，不可以偷竊搶劫；第九條，不可以說謊；第十條，不可以起貪心。

「十款天條」在組織中極基本、也極重要，洪秀全規定每一個進入組織裡的人都要會背這「十條」。軍中如果有人經過三次禮拜還無法完整學會「十款天條」，甚至是可以砍頭的！

這也是過去農民起義從未見過的做法，以一套行為標準、一套訓令、一套信仰為其基礎，進行嚴格的組織規範。在特殊儀式所創造的全新經驗中，這些農民產生了強烈的認同感，明確相信自己屬於這個非親非故的大團體。

中國傳統的社會組織，依照社會學家費孝通的說法，是所謂的「差序格局」。人與人之間的關係按照親族血緣分出遠近距離，每個人是中心，其他人則以不同距離的同心圓組構的「差序」原則做分布。換句話說，這樣的社會裡很少有「一視同仁」的平等團體，更少有在現實生活中體驗「一視同仁」平等關係的機會。

太平天國卻提供了這樣的經驗。這對底層的窮人來說，尤其具有突破性的吸引力。在原來的「差序」中，他們只能接觸少數親族，稍微遠一點的，很快就在現實利益影響下，要嘛不來往，要嘛來往時遭到歧視、鄙夷。但他們進到太平天國，發現那麼多人都是平等的，都以同樣的方式隸屬於這個大團體。

如此得以建造出一支有效的軍隊。部隊不只有信仰，而且真正來自土地，嫻熟地方的自然與人文狀況，不是到京城裡去學什麼樣的戰術。太平天國形成的前幾年，官兵無法抵擋他們，除了八旗和綠營本身問題重重之外，也因為太平天國在軍事上的靈活程度遠超過清朝將領的想像。

例如，太平天國的守城策略是「守險不守陣」。平常守城一定是將部隊放在城裡，憑藉城牆作為最主要的防禦工具；但太平天國軍隊遇到敵軍來攻城時，卻將部隊布置在城外，將防守線向前推到城郊。這是為了保有部隊的機動性，在接戰中給予敵軍出其不意的傷害，也就是不因守城而完全被動。用這種方式布防，可以選擇在哪些較危險的地方配置重兵，或引導敵人部隊朝對己方有利的方向移動。不會像躲在城內防守時，敵人隨時可能從四周任何方向攻城，自己的兵力因而分散外，還因為必須保持警戒，使軍隊更容易疲憊。

太平軍也有讓清軍很不習慣、難以捉摸的撤退方式。如果發現敵強我弱，太平軍反而會先發動猛烈攻擊，進攻到一定程度，雙方兵馬都很疲憊、不得不休息時，敵軍還在預期並警戒下一場戰鬥來臨，但很可能一夜過去了，隔天卻發現自己面對的是一片空曠，太平天國的部隊早已經都走光了。

06 軍民合一、財產與共的共同體

太平天國留下了許多戰法、陣式的變換記錄，背後顯示的不只是靈活的想法，更重要的是堅實的紀律。這些戰法和陣式，包括「守險不守陣」，別人不是想不到，而是想到了也無法落實執行。要在有城牆可以依賴的情況下，仍然出城和強勢敵軍對戰，沒那麼容易；要在明明兵力劣勢的情況下，仍然進行猛攻來爭取撤退的機會，也沒那麼容易。

從運籌、計畫，到軍隊調動、呼應的方式，如果沒有相當的紀律，是絕對無法進行的。因而要理解太平天國，不能理所當然用傳統看待農民起義，或是「流寇」的眼光來看他們。這支軍隊不是雜湊的烏合之眾，太平軍在軍事上的嚴整程度，可能更高於從各地調來阻擋他們的八旗或綠營軍。

如此形成了奇特的軍事形勢不對等——由農民組成的軍隊，其戰力反而高於正式的官軍。這是太平天國坐大、擴張的基礎。洪秀全熱衷於訂定制度，不只是軍事上的，在政治管理上也訂了很多制度，用制度打造一個軍民合體的嚴格組織。

在正式文獻中，其軍隊編制是由上往下算的。由一萬三千一百五十六家設一個「軍帥」，底下有五個「師帥」，再下去是五個「旅帥」。軍、師、旅，這是和官軍一樣的軍事組織單位，不過官軍在「旅」之下是「營」，太平天國就改成二十五個「旅帥」帶領一百二十五個「卒長」。也就是將底層的軍事組織和社會組織連結在一起。

「卒長」底下有四個「兩司馬」，全軍一共有五百個「兩司馬」，每個「兩司馬」帶領五個「伍長」，共兩千五百個「伍長」；每個「伍長」又帶領四名「伍卒」，全部「伍長」加「伍卒」一共是一萬兩千五百人。再將其他有頭銜的人加上去，那就是一萬三千一百五十六人的規模。

如此建立了一支軍隊的基本規模。如果人數增加，那就每多五家設一個「伍長」，每多二十六家設一個「兩司馬」，以此類推。

洪秀全設定的這套制度有兩項特點。第一，不只有「卒長」，而且是以「家」為計算單位，部隊裡參與打仗的是個人，但組織上將整個家編納進來，構成軍民合一的組織。第二，故意逆反由下而上累加的表現方式，改成先提出一萬三千一百五十六的總數，使得這個數字看起來像是上帝算好了、交待下來的神奇答案。

如此龐大的組織，當然不可能完全按照計畫來落實，不過重點在於太平天國存在這樣的組織形式，在壯大的過程中得以不斷統整。這套組織將人民編納進來，所有的軍帥、師帥、旅帥、卒長、兩司馬，這些人都叫做「守土」、「鄉官」。他們不是單純的軍事領導人，同時也兼具民事責任，還要照顧經濟上的生產與分配。

相呼應的，是每二十五家設一個「國庫」，又稱「聖庫」，那等於是家戶合作的共享生產所得。這二十五家還要設一個「禮拜堂」，定時在禮拜堂裡一起做禮拜。二十五家中所有婚娶、彌月、喜事等花費，都用「國庫」來開銷。他們所謂的「喜事」，指的是有人死亡，因為在信仰上認為那是升天去見上帝，是值得高興而不是哀傷的事。

這些傳統民間的紅白帖事，都不必自己出錢，都從公共的「國庫」支用。關於什麼活動可以支用多少錢，有很清楚明確的普遍規定，整個太平天國一律遵行。「國庫」的來源是二十五家的生產所得，扣除基本的吃穿花費，剩餘的都要送過來。所以這是一套共產制度，從農業、工業都統合在裡面，是生產與共、財產與共的共同體。

07 半抄襲、半想像來的政權與領導人內鬨

太平天國另有「授田制」，也是根據人人在上帝面前一律平等的信仰而來的，不論男女，只要十六歲以上，都可以分田。表面上看像是傳統的授田法，但在精神上不一樣。這裡所授的是分配給你負責耕種的田地，並不表示耕種的所得就屬於你。個人有責任耕種分配到的田地，收穫則除了自己所需的食糧之外，都要繳入國庫。

農業生產的原則是「凡天下田，天下人同耕，此處不足，則遷彼處；彼處不足，則遷此處」（《天朝田畝制度》）。土地不是私有財產，進而還有愈來愈嚴格的規定，包括禁止擁有私錢，禁止擁有私藏累積的貨物。也就是精神上徹底的平等、均分主張，徹底的共產主義。

共產主義憑藉其高度理想性，可以吸引許多人靠攏過來，然而現實上會遭遇愈來愈難解決的困難。號稱要給十六歲以上的人平等授田，但國家沒有那麼多田地該怎麼辦？因而政策、口號是一回事，真正落實時卻不得不做調整。在地方上取得控制後，推動的辦法是「禁止業戶收租」，也就是取消佃戶對地主的田租，同時轉而要求不必繳田租的農戶對太平天國政府繳交比例上低得多的田稅。如此等同於將原本佃租的田地交付給實際耕種的農家。

太平天國對農民有很大的號召力，另外因為打著基督教的旗號，也引起外國人的高度興趣。

當太平天國於一八五三年（咸豐三年）打下南京，將南京改名為「天京」並設為國都時，在中國勢力與利益最大的三個西方國家——英國、法國和美國，都明白表示了中立態度，意味著有可能承認太平天國，給滿清政府很大的外交與軍事壓力。

不過太平天國的根柢很不穩固，建立在一個短時間內半抄襲、半想像出來，沒有傳統儀式的信仰上。時間稍久些，各種問題就在政權內部浮現出來。

第一個問題是領導人之間的關係。洪秀全宣稱自己具備上帝之子的身分，必須維持絕對的權威，不容許其他人在權力地位上接近他。但要維持這樣的絕對權威沒有那麼容易。

一八四八年，馮雲山在廣西被捕押返廣東，洪秀全趕去搭救，趁著洪秀全不在時，楊秀清就起乩號稱自己得到了上帝附身；半年後，蕭朝貴也開始假託得到了耶穌附身。兩人用這種方式打破了洪秀全的獨占權威。洪秀全不得不讓步，表示這兩人確實不時會扮演上帝使者代傳訊息的角色，給予兩人在政權上的特殊身分，形成了三人之間合作的神權架構。

當楊秀清起乩時，洪秀全不得不配合，向著被上帝附身的楊秀清跪接訓誡或指令，當然連洪秀全自己也弄不清，到底那個指令是來自上帝還是來自楊秀清。蕭朝貴在一八五二年就戰死了，相對沒有帶來那麼大的麻煩，而楊秀清對洪秀全的權力威脅卻一直存在著。

到了一八五六年，另一位核心成員韋昌輝對於楊秀清號稱能得到上帝附身而取得的權力大為不滿，在內鬨中殺了楊秀清。過程中洪秀全沒有介入，採取了默認韋昌輝做法的態度，樂見韋昌輝替他除去搶奪部分神權的威脅者。

可是洪秀全坐視韋昌輝殺楊秀清，也就開啟了韋昌輝的龐大野心，發動血腥誅戮。一場混亂直到石達開調回軍隊來對付韋昌輝，才算得到初步解決。但接著石達開想藉此立功，留在「天京」發揮更大的政治作用，洪秀全卻不願意再有人和他分權，堅持逼走石達開。石達開於是出走到安慶。

08 大封諸王的瘋狂心理與「天京合圍」

經過「天京之變」內鬥，太平天國的勢力開始走下坡。到一八五九年，又發生下一個關鍵事件，那是洪秀全的族弟洪仁玕前來投靠。經歷了楊秀清、韋昌輝、石達開接連的紛爭，洪秀全對自家族內的優秀分子大表欣賞，便將洪仁玕封為「干王」。在干王之前，太平天國一共封了七個王，[13]每一個王都是跟隨洪秀全起義的。九年辛苦征戰之後，現在卻多了一個新加入的洪仁玕，又立即得到這麼高的地位，當然再度引起權力圈的緊張。

當時累積了許多戰功，而且正在負責「天京」防衛工作，和清朝「江南大營」對峙的陳玉成與李秀成都沒有封王。洪秀全自知讓洪仁玕在陳玉成、李秀成之前封王很難服人，於是就同時讓這兩人封王（分別為英王、忠王）。

但如果要論戰功，排在洪仁玕前面的可不只陳玉成和李秀成啊！於是又變成「大封諸王」的奇特局面。剛開始是為了處理洪仁玕封王造成的問題，但接下來洪秀全覺得這種做法很有效果，新得到王位的人，對他更形恭敬，任事也比原先更積極。和「大封諸王」同時發生的，是在軍事上第二次大破「江南大營」，更讓洪秀全相信「大封諸王」的效果。

「江南大營」兩度被擊破，清朝這邊大為震動，遂由曾國藩接任兩江總督、欽差大臣，全權統籌對抗太平天國的事務。而另一邊的洪秀全則更形擴展「大封諸王」的做法，短短幾年內，從一八五九年到一八六四年洪秀全去世，太平天國多了兩千七百多個王。

就連郭廷以、羅爾綱如此勤勞的史家，都必須承認很難蒐羅齊全所有相關封王的記錄。那是一個完全失控的狀況，洪秀全進入一種認定只要封王就有人願意賣命的瘋狂心理，情況愈差，就趕緊封更多人為王。

但情況不會逆轉、變好了。一八六一年（咸豐十一年）安慶失守。「天京」在長江下游，其腹地是太湖地區，以商業性質的蠶桑織造為主，人口高度集中，而在食糧方面，必須依賴長江中

13　一八五一年，建立太平天國的洪秀全自稱「天王」，其後分封五王，分別是：東王楊秀清、西王蕭朝貴、南王馮雲山、北王韋昌輝和翼王石達開。一八五四年，再封燕王秦日綱、豫王胡以晃。

游地帶的供應。失去了安慶，意味著失去了對於長江中游的有效控制，曾國藩的湘軍得以一步步切斷「天京」的糧道。

一八六三年（同治二年），轉戰四川的石達開被俘後處決，太平天國的戰將損傷殆盡。次年，雙方軍事實力進一步拉開差距，湘軍進逼「天京」，完成了「天京合圍」。被困在城中的洪秀全宣布鼓勵「合城俱食甜露」，口號很好聽，實際上是要大家一起吃草、喝露水，表示城內已經沒有糧食了。撐到這一年的農曆四月，洪秀全自殺，太平天國的主要勢力逐一消滅。

09 帶領小傳統對抗士人所形成的大傳統

洪秀全開創了中國農民起義在過去未曾有的新形式，然而在許多事情上的無知，以及無知所帶來脫離現實的狂想，是他在領導上的致命傷。

例如，太平天國一樣用干支紀年，但在他們的「天曆」裡沒有「辛亥」年。洪秀全嫌「亥」字發音接近「害」，不吉利，就用「開」取代「亥」，「辛亥」年變成了「辛開」年。同樣的理由發生在「丑」字上，發音和「醜」一樣，不好聽，所以就改成「好」，「辛丑」年變成了「辛好」年。

洪秀全命馮雲山訂定的「天曆」，是陽曆和陰曆的混合體，規定每年有三百六十六天，等於每一年比地球公轉時間多了四分之三天，每四年會多出三天。要讓曆法和天文相符合，應該是每四年要減三天，或是每四十年要減三十天。但洪秀全不喜歡減法，減就是少，這也不吉利。

這種曆法實施得久一點，必定會出現季節顛倒的現象，月分和季節對不上，到後來甚至一月是暑熱，八月卻冬寒，要怎麼用呢？面對「天王」的無知與脫離現實，底下的大臣說不動他，只好發明一個新的曆法名詞叫做「斡」，「斡旋」的「斡」，調整成為「每四十年一『斡』年，逢斡之年每月二十八日」，實際上就是減少三十天。不說「減」，這樣才能過關。

洪秀全不重視傳統，什麼都要自己新創，以至於常常為了硬要改變傳統而付出很高的代價。他堅持貫徹「拜上帝教」的信仰原則，將所有其他崇拜對象都視為妖魔，並且用民間的語言將世界區分為兩塊領域，一塊是拜「皇上帝」的，另一塊是拜「閻羅妖」的，兩者截然對立。

這種觀念和說法，在廣西爭取部分農民加入組織時可以有效果，但一路到了南京，進入富裕而且有深厚儒家傳統影響的地區，就難免招來愈來愈多的敵人。曾國藩所堅持的，就是儒家的基本價值觀，以及這套傳統的基本尊嚴。曾國藩的學問、地位乃至人格高度，他所代表的儒家尊嚴，和太平天國與洪秀全形成了強烈對比。

到了太平天國後期，離開的人多過願意加入的人。仍然有一部分的農民為了素樸的分地共產理想留下來，但其社會根柢已經腐蝕了。

太平天國龐大的動員，在意義上高於包括黃巢、李自成在內的絕大部分農民起義，其成就也直逼如朱元璋所帶領的成功改朝換代的軍事運作。這是清朝中葉出現的一個內部挑戰，和來自西方列國體系對於中國中心體系的挑戰同時迸發。太平天國從內部刺激出長期被壓抑的中國小傳統，帶領小傳統對抗士人所形成的大傳統，進行猛烈反撲。滿清政權完成了對於士人的鎮壓與收編，然而其精神上的統治領導無法再往下滲透到底層的小傳統裡。

太平天國被稱為「長毛賊」，凸顯出他們的男性成員拒絕以清朝規定的方式剃髮，表現出對於滿洲人外表的不認同，裂解了滿清王朝好不容易取得的中國中心統治合法性。三十年後，在廣東地區出現了更激烈的革命主張，不只要推翻滿清，甚至還要一併推翻皇帝與帝制。

10 中國社會的一次龐大價值衝擊

我們必須透過太平天國及其掀翻的小傳統騷動，才能理解孫中山及其革命立場。孫中山的歷史地位建立在將中國中心的外在挑戰和內在挑戰統合的基礎上。他沒有受過正常的中國士人教育，他在檀香山長大，再到香港受西方的醫學訓練。他所接觸的中國人，是和會黨、祕密會社關係密切的一群人，尤其是仍然殘存鮮明太平天國記憶的一群人。

康有為、梁啟超也是廣東人，「戊戌變法」失敗後，一度流亡海外，也曾經到夏威夷去爭取僑社支持，但他們不可能和僑胞產生像孫中山那樣的連結，也不可能像孫中山那樣思考革命。一部分的理由就在於他們沒有太平天國的記憶與認同。他們站在太平天國的對立面，站在曾國藩所代表、所堅持的士人文化那一面。

太平天國前所未有地將農民之間的小傳統，提升到可以和朝廷及士人權威相對抗。到了太平天國後期，形成了曾國藩代表的士人文化和滿清政權合作，對抗一個拒絕接受滿清統治的農民素樸小傳統政權。雖然一時之間太平天國垮臺了，曾國藩和滿清政權卻沒有真正得到勝利。

十幾年間發生在江南富庶地帶的騷動與戰亂，要如何復原？尤其這不是單純的政治、軍事破壞，還牽涉到如何重建經濟生產和社會組織。中國社會受到了一次龐大的價值衝擊，許多過去認為天經地義、不容質疑的事情，現在都動搖了。

不能被質疑的孔子動搖了，不能被質疑的皇帝動搖了，他們都在太平天國的信仰中被放入「閻羅妖」那邊去。而和太平天國亂事同時發生的，還有兩次英法聯軍，簽了「天津條約」和「北京條約」，西方勢力更進一步動搖了原本不能被質疑的孔子道統與皇帝政統權威。

西方帝國主義者剛開始同情太平天國，但後來發現他們的基督教信仰並不是那麼回事，而且以農民為主體的太平天國不可能有外交手腕和各國周旋。然而太平天國也成為西方列強的籌碼，英、法等國只要卡住幾個通商口岸，就能夠左右清朝和太平天國相持的局面，逼清朝給出更多的利權。

外國勢力入侵造成了中國社會進一步價值混亂，好不容易克服文化差異障礙，創建了一個穩定盛世的滿清，卻無從調整、應付這個新局面。滿清朝廷只能不斷後退，中國面臨的就不只是民族主義上強調的喪權辱國處境，而是進入了一個漫長的階段，必須將破碎瓦解的群體價值系統予以重建，這個過程經歷了一百多年。或者可以換個方向說：在此之後一百多年的時間裡，中國歷史上最重要的現象與事件，都脫離不了這漫長的價值脫序與重整。

第九講

儒生、儒將、鄉勇

01 研究中國，卻對現實中國極其隔閡

關於清朝如何在太平天國亂後試圖進行調整改革，有一本開創性的史著，到今天仍然沒有過時，那是芮瑪麗（Mary C. Wright, 1917-1970）所寫的 "*The Last Stand of Chinese Conservatism: The T'ung-Chih Restoration, 1862-1874*"（同治中興：中國保守主義的最後抵抗〔1862-1874〕）。而她之所以能完成這部史著，和她的知識背景、來歷有很密切的關係。

西方從十九世紀開始建立對於中國的系統性知識建構，最早形成的是Sinology（漢學）。「漢學」和漢朝沒有關係，而是承襲了當時歐洲對於世界古文明研究的學風，將中國文明看作古老而遙遠的一套系統。他們所受的訓練要從復原古語言開始，再到古文字的辨識整理。因為在西方的文明意識中，受到拼音文字的影響，總認為語言是本，文字是語言的傳鈔記錄，所以要先將語言弄清楚。

早期的西方「漢學」從這樣的態度出發，完成了中國自身學者沒能做到的一項大貢獻，那就是有系統地還原了中國古語的音韻原理。這個領域中最有名的學者是瑞典漢學家高本漢（Klas Bernhard Johannes Karlgren, 1889-1978），基本上完成了中古聲韻的研究，並向前探究上古音。

由語言、文字，進而用一個字一個字辨認連結的方式，將中國的古籍翻譯成西方文字，這是

「漢學」另一個重大的成就。不過內在於「漢學」的基本態度，是將中國文明當作和古蘇美、亞述、希臘羅馬文明一樣，是早已消失、死亡的文明，只存留在古文字、古文獻當中，沉寂不動地等著學者去考掘、去認識。

研究古希臘文明的學者，不需要關心現實的希臘，不覺得可能從現實的希臘政治、社會得到什麼認識古希臘的相關資訊，也不覺得他們研究的古希臘歷史和現實希臘的內外處境有任何關連。這些早期的漢學家也同樣不會因為研究古代漢語或翻譯《易經》，而對當代中國的新聞多一點關注與認識。

高本漢對於中國語言、文字的理解，遠勝過絕大部分的中國人，每一個詞語他都知道來歷，而且可以解釋在歷史中語言和語意的變化。但他從來沒有學過當代使用的中國話，他和當代中國人交談時，只會說：「吾往矣。」而不會說：「我走了。」對中國人看的報紙，高本漢可以解釋每一個字、每一個詞，但字詞加起來的白話句子，他就不見得看得懂了。

高本漢不是特例，他那一代之前的漢學家基本上都是如此。他們研究中國，卻對現實中國極其隔閡，甚至可以說，正因為他們研究中國，對古代中國有那麼根本的認識，所以他們自然認定那樣的文明已經不在了，不認為現實中國和他們有什麼知識學問上的關係。

02 費正清的「西方衝擊、中國回應」說

相較於漢學家，在開始和中國來往的過程中，另外出現了一種China-hands（中國通），他們是從現實中認識中國，從商業或外交的角度認識中國，從經驗而非書本累積了對於中國的理解。這些人不會去學中文，和中國打交道時往往高度依賴通譯，因而不只對中國過去的歷史不了解也沒興趣，就算在現實的認識上也片片斷斷、不成系統。

漢學家和China-hands在二十世紀前基本上井水不犯河水，沒有什麼交集，也沒有什麼交流，彼此也不在意對方所說、所寫的。在這樣一種西方與中國的二元知識架構中，出現了突破性的美國學者費正清（John K. Fairbank, 1907-1991）。他和他的妻子在中國有很多朋友，包括梁思成和林徽音，而在五〇年代美國右傾的麥卡錫主義（McCarthyism）狂潮中，他被視為「中共同路人」而飽受打擊。

費正清的確抱持著同情中國共產黨的態度，參與了在美國將中共定位為「土地改革者」而非蘇聯式共產極權的陣營，主張中共有其淵源自中國社會的高度合法性，不是像國民黨認定的那樣純粹外來移植的。不過更重要的，是費正清有效地聯繫、結合了兩項知識系統，並且做出具體的成績。

費正清和中國的關係，沒有國民黨或美國右派說的那麼現實。他在中國並沒有什麼現實商業、外交事務上的牽扯，一直保持著學者研究中國的態度。換另一個角度看，他不像漢學家具備閱讀中國文獻典籍的高度能力，他自己都承認中文的閱讀能力不是很好。

他的貢獻在於將「漢學」所見到、所研究的中國文化在時間上向前推，推到現實、當代，站在理解現實中國的用意上去探索中國歷史，不再將中國歷史和中國現實分隔成兩個完全不同的知識領域。費正清所代表的新一代學者，和將中國文明視為死去了的古老文明的漢學家不一樣，也和著眼於現實利益去了解中國的人不一樣。他們相信要了解現實中國，必須了解中國歷史。

中文程度不夠好，費正清憑什麼成為哈佛大學教授，贏得那麼高的學術地位？其中一個關鍵原因在於他開始做研究時，聰明地選擇了一個當時沒有人注意、卻帶有高度潛力，而他也有能力好好處理的歷史現象。

那就是中國的海關。從「南京條約」簽訂之後，中國開始有了現代式的海關，但不是中國人自己設立管理的，而是交給了英國人。所以中國海關的主要史料內容是用英文寫的。而且海關的運作牽連廣泛，必定關係到中國的經濟，必定有中、英及其他西方國家間的外交變化，又必定有透過「總理各國事務衙門」看到的清朝政治動向，甚至會有大量的太平天國相關史料。

費正清靠著整理中國海關資料起家，他一方面很細心，一方面又很有野心。以海關資料為基礎，他提出了對於中國近代史研究的大架構。這個架構可以用四個英文字來歸納——Western Impact, Chinese Response（西方衝擊、中國回應）。他看待、理解中國歷史的方式，就是看從西方帶來了什麼樣的衝擊，動搖了中國什麼樣的傳統，中國又被迫做出了什麼成功的或失敗的回應。中國近代史的主題就是衝擊與回應，而回應刺激新的衝擊，又有下一波回應，形成不斷循環交纏的過程。

費正清的「衝擊—回應」說，顯然受到英國史學家湯恩比（Arnold Joseph Toynbee, 1889-1975）的啟發和影響。湯恩比的經典史著《歷史研究》（*A Study of History*）試圖要涵蓋人類經驗的全幅，找出一套文明的規則，解釋人類如何創建、發展文明，為什麼在一些特定地方發展出文明而不在其他地方，還有文明的不同形貌是由什麼樣的因素、力量決定的。

湯恩比提出的答案是「挑戰—反應」模式。文明是人類面對挑戰的因應結果，有自然環境的挑戰，也有人為攻伐的挑戰。恰當程度的挑戰是文明的必要條件，沒有足夠困境形成挑戰，就無法刺激形成文明。不過換另一個方面看，太嚴苛的挑戰若讓群體應付不過來，只能消失滅亡，當然也形成不了文明。

博學的湯恩比提出了超過二十個文明比較研究，來「證實」他的「挑戰—反應」理論。不過他的理論比較接近歷史哲學，而非實證的史學研究。很少史學家會對湯恩比的跨文明研究照單全收，不過他提出的模式，在那個時代影響了很多人看待歷史的眼光，幫助他們面對史料時有了不同的提問與追索。

費正清主張——到後來更有效地對美國學界與社會示範——以「衝擊—回應」的問題意識，最能夠看出傳統中國如何轉化為現代中國。不只得以了解現代中國面貌的來歷，還能進一步解釋現代中國在發展上的明顯不平衡，某些領域高度西化，某些領域卻仍然保守停滯。

第二次世界大戰時，美國與中國並肩作戰，加上「中國遊說團」（China Lobby）在美國的活躍宣傳，激發了美國社會前所未有對中國的好奇。費正清的這套模式可以快速地替許多人解惑，給予他們認識中國的一條方便道路。不需要先解釋整個龐大複雜的中國，而是從西方人如何去到中國的故事說起，美國人自己很熟悉的這些西方元素進入中國之後，再藉由中國的不適應、中國的掙扎回應來凸顯中國的特殊性，相對就容易述說，也容易理解多了。

費正清對研究、著作、教學都有高度的熱情，而且在學術上有關於中國海關的扎實著作，又發展出宏觀的理論幫助新一代的學者整理材料，再加上願意主動參與行政事務，於是在戰後的美國學界，費正清快速崛起，成為一代宗師。在他的領導與影響下，出現了全新的中國研究方法與中國研究領域。

五〇、六〇年代美國學院體制進入大擴張期，大學院校紛紛增設東方部門，而在中國研究方面，大部分的教席就由費正清的弟子們據守，再加上因為戰亂而選擇流亡到美國的中國學者，彼此激盪合作，在美國塑造了全新的中國相關知識領域。這些機構、這些學者半個多世紀以來的探索成果，至今仍深深影響著全世界對中國的認識與印象，不容忽視、更不容從民族主義立場假裝當作他們不存在或沒有分量。

03 芮瑪麗對「同治中興」獨特意義的探問

芮瑪麗和她的丈夫芮沃壽（Arthur F. Wright, 1913-1976）都是費正清在哈佛大學訓練出來的第一代傑出弟子，他們將從費正清那裡學到的本事帶到耶魯大學，建立了耶魯大學的現代中國研究部門。

費正清早期的弟子當中，成就最高的首推列文森（Joseph R. Levenson, 1920-1969）和芮瑪麗，尤其是芮瑪麗，在當時學院教授仍然遠遠男多於女的環境中極為突出。可惜這兩位學者都英年早逝，不然應該可以在中國近現代史上做出更大的貢獻。

他們都一方面繼承了費正清的關懷，另一方面將費正清的研究方式進行了中國本位的轉化。從「西方衝擊、中國回應」的角度看歷史，費正清有效地整理了「西方衝擊」的部分，包括鴉片戰爭、第一次英法聯軍、第二次英法聯軍到八國聯軍等重大事件，以及所帶來的條約、治外法權、租界等新鮮事務。這部分可以結合海關資料和西方國家的史料來進行統合描述。

然而在「中國回應」方面，費正清顯然就力不從心了。因為這需要對中國政治、經濟、社會到思想、文化有一定程度的掌握，才能做出有效、有意義的整理與分析。例如從「西方衝擊」出發，很容易就忽略掉太平天國，或者就算注意到太平天國，也很難理解。然而當時的「中國回應」，包括其模式與限度，卻受到太平天國的高度牽制，漏掉了這個巨大的歷史因素，不可能描述、遑論解釋「中國回應」。

對於費正清的這項盲點，芮瑪麗做出了重大的修正，她特意留心太平天國。他們那一代美國學者的語言與文化準備，尚不足以對太平天國進行第一手的研究，但她很認真地理解太平天國對滿清朝廷的巨大影響，其衝擊程度不下於西方帝國主義進犯，而且和帝國主義勢力產生了複雜的政治綜效。

如果不能對中國內部事務有更深刻的認識，是無法談論「中國回應」的。弄明白英國、法國、美國的企圖、野心、策略乃至對中國的誤解，但失去了看清楚一八五一年到一八六八年從太平天國到捻亂所造成實質長期內戰處境的視野，還是無法形成「中國回應」的歷史圖像。

費正清另一位大弟子列文森，最主要的著作是對於梁啟超的研究。列文森看到了：除了從外在客觀的現象上去記錄西方人做了什麼而產生衝擊，中國人做了什麼來回應，如果真的要對這段劇變進行歷史解釋，更重要的是必須有能力、有誠意去探入中國人的主觀，了解他們對這些事情的感受與看法。

嚴復翻譯了亞當・史密斯的《原富》（即《國富論》），開啟了中國的經濟學討論，但從書名到所運用的桐城派古文，就必定使得這本書在中國讀者心中產生的思想效果和英國讀者大不相同。必須還原那個時代的中國人如何看待這突然強加在他們身上的新天新地，以及這顯然並不愉快的衝擊經驗如何改變了他們理解周遭現實生活的方式。

很令人感動的，列文森試圖找出一種方法來接近中國人的主觀，來描述中國人主觀的看法，對費正清的歷史架構做出了重大修正。

芮瑪麗注意到太平天國，而且她充分理解這個事件的嚴重程度，沒有在西方中心的偏見下低估太平天國對清朝產生的衝擊與挑戰。她認定太平天國帶來的危機已經幾乎使得清朝覆滅，所以在《中國保守主義的最後抵抗》一書的〈前言〉提示了這本書的出發點。

太平天國事件的處理與解決，放在人類歷史上看都是奇特的。靠著少數幾位漢人士人的努力，竟然從軍事到政治都取得成功，將如此一個將要傾覆的偌大帝國維持住，多延續了六十年。

她寫這本書就是要解釋，為什麼明明該亡於太平天國的清朝竟然繼續存留下來？她的歷史觀點提醒了我們，不要將清朝的延續視為理所當然，也不要將太平天國當作朝代當中插曲般的一場動亂。

芮瑪麗要處理的，是我們一般稱為「同治中興」的這段歷史。從傳統朝代史上看，對於「中興」不會有太強烈的感受，因為太多朝代都有「中興」！從周宣王到明孝宗，幾乎每個朝代都有一個、甚至超過一個「中興」的君主。「中興」已經內化為朝代史循環現象的固定一部分。講述一個朝代的歷史，就是講開國立朝，然後由盛而衰，再來短暫「中興」，最後走向滅亡，由另一個朝代取而代之。

作為一位外國學者，芮瑪麗沒有我們這樣的語言慣性，也沒有要將「同治中興」放入長遠的朝代史中看待。因而她得以專注挖掘出「同治中興」的獨特意義，產生明確的問題意識——清朝為何在巨大災難中沒有滅亡？是些什麼人做了什麼努力，才讓已經在滅亡邊緣的清朝得以多延續六十年？

她所得到的答案，關鍵詞是「漢人」、「士大夫」、「儒家信仰」、「保守主義」。這幾項因素合在一起，發揮了力挽狂瀾的作用，也使得這件事放在世界歷史中顯得更特殊。

04 太平天國創造的新敵人：士人信仰

將芮瑪麗和其他學者的論點予以綜理，可以從三個面向回答清朝何以延續的問題。

第一個根本因素是太平天國的內在矛盾——用外來的、異質的信仰進行傳統的農民動員，將底層尚未被清朝同化的漢人認同激發出來。以漢人立場反對滿清，那又如何自圓其說接受外來、陌生的「拜上帝教」？太平天國用來傳播素樸平等信念的手段，與其反對滿清的種族意識基本上是不相容的。

回顧歷史，朱元璋從很低的出身在元末逐漸崛起，中間畢竟還是得靠有效地與士人結合，找到了宋濂、劉基和他合作，才得以升級為另一種等級的勢力。相對地，太平天國運用的信仰手段，和中國士人傳統隔絕太遠，幾乎無法爭取任何士人的認同參與。

太平天國的勢力不斷成長，但遲遲沒有士人在其陣營中。洪秀全訂定了諸多光怪陸離的制度，沒有經過士人理性思考與現實經驗的修改，更進一步讓士人們望而生厭，既害怕又瞧不起。

如果太平天國的敵人只是滿清朝廷，那麼他們很有機會建立新的朝代。但在過程中他們創造了新的敵人，而且在態度上比滿清朝廷更堅決，那就是維護傳統的士人。以曾國藩為代表的這股力量，最大的特性在於他們是有信仰的，由內在的信仰驅動他們的決策與行為。

曾國藩和太平天國之間的對抗，不是階級的，不是地域的，不是對朝廷的效忠或反叛，而是思想與信仰的無法共容。一直到今天，曾國藩的文章、家書與日記仍然不斷重印，仍然還能感動讀者，因為裡面是他真誠信仰的展現。

曾國藩從一介文士轉型為一代將領，不只自己帶兵，還將眾多文人學生轉化為戰場上的領導，為的是保護鄉里，更重要的是保護他所信奉的儒家傳統。他將太平天國視為威脅、消滅儒家傳統的恐怖因素，激發他必須盡一切可能予以阻止的決心。

滿清入關之後，維持政權的主要做法是堅持保有一支高度效忠的專業軍隊，軍人身分與滿洲貴冑緊密結合，得到朝廷的保障，也在政治上擁有較高的地位。但這樣的做法長時間下來使得軍人變成特權階級，消磨了打仗所需的冒險武勇精神。平日養尊處優，有家庭、有財富、有地位，如何期待他們願意冒著失去這一切的危險，在戰場上奮勇廝殺？

這種專業軍隊養在傳統上對於武人抱持輕視態度的中國社會裡，又產生了另一層矛盾。要保有八旗、綠營軍的地位，必定的做法是讓他們和原有的社會保持距離。他們以武力既保護社會，又威嚇鎮壓社會，但除此之外，他們和社會少有互動，為了維持政治上給予他們的特權地位。他們和社會之間的關係既疏離、又曖昧。

和太平天國對陣時，雙方軍隊的性質差異一下子就顯現出來，同時也必然決定了戰鬥的勝負。一邊是來自底層社會，深植於既有社會組織中，大部分都是身無長物因而只怕窮不怕死的人，由他們形成的有信仰也有紀律的軍隊；另一邊是養尊處優的特權分子，壓在一般百姓上頭，不可能不珍視自己性命的人所組成的軍隊。八旗、綠營軍當然阻擋不住太平天國。

不能依靠八旗、綠營，而且本來就和八旗、綠營關係疏離，於是受到太平天國威脅時，民間只能組成「團練」來自我防衛。「團練」是自主的民兵，但很快就得到像曾國藩這樣的士人，而不是一般的鄉紳，挺身承擔組織、領導的任務。

05 文人帶領鄉勇，曾國藩與湘軍的崛起

有像曾國藩這樣的人物投入其中，帶來很大的差別。曾國藩在家書、日記裡反覆強調「綜核

名實」的重要性，這是他的思想核心。他最不能接受的就是「名實不符」，占據什麼位子，就必須承擔什麼樣的責任；獲得什麼樣的名聲，就一定要有那樣的功績、成就。

「綜核名實」原則的背後是龐大的道德關懷與道德理念。對曾國藩來說，儒學不是學問，是真切的價值信念。他也相信在道德上堅持做一個好人，必定能產生群體的示範、感召作用，激發出強大的力量。

曾國藩依照這樣的思想、信念去打造一支對抗太平天國的部隊。從進入部隊裡的人，尤其是可以擔任領導的人的素質講究選擇起。他要找的是在倫常行為上抱持正直態度，同時又具備「血性」的人。他特別看重兩種人格特質——「血性」和「憐憫」。「血性」意指真實、不虛偽；「憐憫」則是縮小自我意識與自我利益，將幫助他人解脫苦痛擺在前面。

曾國藩認為非常的危難狀況中，唯有找到這樣的人，才能組織起有效的部隊。從歷史上看，這是個偶然的因素，有曾國藩這樣的人，挺身承擔組織對抗太平天國的軍事力量。如果不是曾國藩這樣抱持深刻信念的人，不可能和洪秀全及太平天國堅守對峙，更不可能在那麼短的時間內培養出一支由文人帶領鄉勇、卻具備比專業常備兵士軍官更有戰力的部隊。

基於保衛家鄉和傳統信仰的目的，他建立了「湘軍」，之後又擴張為兩支，一支由曾國藩和弟弟曾國荃帶領，另一支則由左宗棠帶領。到了戰爭後期，又有曾國荃協助李鴻章打造的「淮軍」。這些都是地方私人形成的武力。

當時的咸豐皇帝從一開始就默許這些地方私兵的發展。顯然他已經接受八旗和綠營無法打仗的現實。到後來，咸豐皇帝更轉而積極要求湘軍擴張範圍，要湘軍往東進入江西、安徽、浙江、江蘇，讓湘軍而非朝廷的常備軍實質成為對抗太平天國的主力。

「湘軍」的名稱來自湖南團練，但後來他們活躍的地域遠超過湖南一省。早在江南大營還在圍守南京時，咸豐皇帝就授予曾國藩「欽命團練大臣」的頭銜，讓他可以任命「差委」，也就是准許組構自己的軍事班底，不受朝廷員額限制的人事權。被以「差委」形式任命的人，因為是暫時的委命，所以稱為「委員」。「員」指的是中國近世官場最基本的身分，必須是「生員」才能進入這個系統，在「員」的前面加上「委」，表示是為了特別任務而有的「差委」，不是正式的官員。

曾國藩很認真、也很積極地運用他所取得的人事權，不只拔擢、任用了許多人，而且當軍費短缺時，如果有人願意捐錢，他也同意讓他們得到「委員」身分作交換。也就是除了人事權外，曾國藩又逐步取得愈來愈獨立的財政權，尤其是江南大營被破之後，他進一步升任具備「欽差」地位的兩江總督。

剛開始時，鄉勇、團練用的當然是地方的自主資源，但變成「湘軍」之後，很快就轉型了。曾國藩得到朝廷特許，可以支調不只是湖南，還包括江西、江蘇等各省的地方財政。換句話說，在皇帝的支持下，從湘軍到後來的淮軍，已經取代了原本國家的軍隊。

八旗、綠營基本上都退出了戰場，湘軍的員額在攻入南京時到了頂點，總數達十二萬人，而這十二萬人都在曾國藩的指揮之下，並不直接奉朝廷號令。然而曾國藩最特別之處，就在於進入南京八天之後，他自己下令解散湘軍。此時湘軍打贏了太平天國，同時也就意味著它的實力、戰力遠超過八旗和綠營，曾國藩擁有足以要脅朝廷的巨大籌碼。

然而他卻自願放棄。這是個絕對稀有、難得的決定，我們只要看在他底下的左宗棠不願解散他的湘軍，李鴻章也沒有解散他的淮軍，就知道這個決定有多麼不尋常了。左宗棠和李鴻章顯然有和曾國藩不一樣的盤算，可是因為曾國藩做了解散軍隊的公開決策，他們兩人掌握與運用軍隊的可能性也就被大幅限縮了。

06 部隊性質正在遠離而非接近其理想

又是在家書和日記中顯現出曾國藩的動機。他心中有真實的信仰，要培養、訓練出和太平天國對反的部隊。他要求部隊中每個人都應該和他一樣，以正直的公義之心而非追求私利，去從事對抗太平天國的工作。這是他的理想。

對比他的理想，戰爭的現實帶給他很大的焦慮。首先，軍隊的紀律很難維持，對這些出生入死、不知明天在哪裡的兵士說大道理，是很難說得通的。在這方面，曾國藩發揮了不只作為「儒生」、而且能承擔「儒將」責任的一面，找到了一種解決方式。

所謂「儒將」，並不是自己能在戰場上統軍廝殺，毋寧是他懂得如何拔擢對的統領。湘軍剛開始是文人將地方民兵建立為團練，然後得到朝廷的默許，有了更多的資源得以坐大。但是軍隊規模愈大，文人的控制就不斷下降，因為在打仗對陣上，文人受限於經驗，難以指揮得動大型部隊，於是曾國藩有意識地提拔了像畢金科、朱洪章這樣的人。

這些人是從底層上來的，有的甚至不識字，當然不可能了解孔孟道理，但他們在行為上有一種可以和孔孟道理相通的素樸精神，所以曾國藩覺得能夠信任他們。將這些人提拔來當統領，在文人和士兵之間創造了新的中間緩衝。這是一項效果。還有另一項效果，有這層中間統領阻隔著，文人也就可以對很多兵士的行為眼不見為淨。

戰場上有些很現實的狀況。例如進行圍城時，文人將領必定再三告誡進城之後不能擾民，要做到分毫不取。但對部隊士兵來說，這樣就沒有強烈的動機要積極攻城。換一種方式，如果承諾一旦進城可以有三天隨意行動，士兵受到欲望鼓舞，就願意勇敢衝鋒。

這中間必然有價值觀的衝突。解決的辦法就是建立中間幹部，將現實面交由這些底層上來的統領們處理，避免上下的直接牴觸。

曾國藩是個太誠實的人，心裡明白創造了那樣的中間階層，只是讓自己不要看到整個部隊的性質正在遠離而非接近他的理想。戰力維持、甚至提升了，卻以愈來愈鬆馳的道德標準為代價。

再者，戰爭再打下去，連曾國藩自己也不得不在道德立場上有所妥協。他運用朝廷賦予他的人事權，實質上賣官來籌措軍費，任命了許多不見得必要的「差委」。朝廷還給他在地方上抽「釐金」，也就是商業稅的權力，這是變相加稅。釐金是湘軍與淮軍重要的收入來源，卻違背了「永不加賦」的歷史承諾，增添老百姓的負擔。

作為一位「儒將」，曾國藩一方面指揮、操控所有軍隊的進退，另一方面卻又近乎自虐地不斷反省，在「綜核名實」的原則下自己逐漸變得愈來愈虛偽。從「心理史學」研究看，有足夠的史料證據顯示，進入南京時，曾國藩的精神繃到了緊張的極點，他必須發洩壓力，因而做了如此戲劇性的裁軍決定。

如果不解散湘軍，曾國藩和他指揮的部隊，不只足以在南方自立為王，還有餘力能夠北進威脅清廷。太平天國被消滅了，對清廷來說，其實是創造了一個更恐怖的敵手。但這樣符合當時許多人預期、想像的事並沒有發生，關鍵因素就在曾國藩。

07 皇帝避走，朝廷在政治態度上的分裂

清朝能夠度過太平天國的難關，還有一項偶然的歷史因素，那是一八六〇年發生了第二次英

法聯軍，西方帝國主義的軍隊攻占了大沽口，更進一步攻入北京。咸豐皇帝與后妃們因而從北京避走，去到熱河行宮。第二年農曆七月，皇帝在熱河病逝。

咸豐皇帝不是在北京駕崩，製造了政局的大變數。當時負責留守北京處理亂局的，是恭親王奕訢和軍機大臣文祥。皇帝逃走了，讓奕訢帶領官員和西方列強談判。英、法選擇此時發動聯軍直逼北京，本來就帶有趁人之危的意味，他們知道太平天國正在南方肆虐，最有機會藉著壓迫清廷得到最大利益。

此時奕訢手中完全沒有「戰」的籌碼，只能「和」，而且也沒有什麼餘裕講究禮儀，在和談時多增什麼表面的堅持。因而在過程中，他和所帶領的這批收拾局面的人，成為第一代被迫真正去理解西方的中國大臣。他們被磨出一份極其現實的態度，也就是他們終於願意接受、看清楚西方多麼厲害，而中國的處境相對多麼危險。

當時跟著咸豐皇帝到熱河的另一批滿漢大臣，他們沒有這樣從困境中被迫取得的現實感。於是等於在短時間內，朝廷在政治態度上分裂為北京和熱河兩派。

咸豐皇帝只有一個兒子，皇位繼承不會有爭議，不過因為兒子年幼，所以遺詔指定了八位「顧命大臣」，這八人都具備御前大臣或軍機大臣身分。咸豐皇帝死前先陷入昏迷，然後突然醒來，才有機會留下指定「顧命大臣」的遺詔。

其中四位御前大臣是肅順、端華、載垣和景壽，都是滿人，而以肅順為首。不過遺詔中特別指明這八人是「贊襄政務」而非「攝政」。關鍵的差異在於，如果是「攝政」就能保管國璽，但

「贊襄」沒有這種權力。

皇帝年幼而沒有「攝政」大臣，國璽實質上收在皇太后手中。歷史上另一項偶然，是咸豐皇帝死後留下了兩位皇太后，兒子是慈禧親生的，而慈安是正宮皇后，所以兩人各有地位。當時慈禧和慈安都還年輕，兩人的個性很不一樣，有皇后地位的慈安恬靜保守，占有生母身分的慈禧則遠為強悍。各種因素加總起來，形成了少見的平等兩宮皇太后。

因為是兩宮太后，於是咸豐皇帝所留下、指定用於皇帝詔書的兩個印，一個「御覽」蓋在前頭、一個「同道堂」蓋在後頭，分別由兩位太后保管。肅順當時自認是「顧命大臣」之首，就上了奏摺，設定未來詔書流程，主張兩宮皇太后將印章交給太監管理，太監每天依照一定的流程行禮如儀用印即可。

但這份奏摺過不了慈禧這一關，她要求詔書內容必須經過兩宮實質過目後才能用印。如此擺明了要節制「顧命大臣」的權力，當然引來肅順的不滿，於是發動「擱車」行為，讓政務不能進行。肅順實際上是以「攝政」的權力地位自居，覺得國事應該交入他手中，由他主導決策。

08 曾國藩的人格信念 壓住漢人的野心作為

如果不是在熱河，慈禧再強悍恐怕也抵擋不了跋扈的肅順。然而特殊的時局提供給她一個空前的出路選項，那就是拉攏留在北京的奕訢和文祥。於是慈禧讓奕訢趕來熱河奔喪，接著策劃好讓肅順在沒有提防的情況下隨咸豐皇帝靈柩殿後，慈禧則趕到前頭，先入京進行安排。

慈禧和奕訢實質上安排了一場政變，肅順一進京就被逮捕、奪權。慈禧聯合她的小叔恭親王，推翻了咸豐皇帝原本立下的遺詔，搶奪國政大權。政變後，連帶推翻了原本由肅順等顧命大臣選定的年號「祺祥」，改稱「同治」。雖然官方解釋「同治」是「同歸於治」（語出《尚書》）的意思，但當時官場中人都看得出來，在政權結構上更有意義的明明是「兩宮同治」，以年號正式鎖定了皇太后垂簾聽政的制度。

「同治」時期的朝政是由小皇帝坐在前面，兩宮太后隔著簾子坐在後面，形式上大臣看不見太后，是對著皇帝奏事，但實質上都由太后定奪。這牽涉到兩宮太后保管著詔書的印璽，不過更重要的是慈禧和恭親王的分權合作方式。這段時期中，奕訢和文祥成為朝中最重要的大臣。

於是出現了清朝前所未有的現實政治局面。奕訢他們和外國勢力直接交手過，對於現實情況的了解和跟隨咸豐皇帝去熱河行宮的人很不一樣，他們明白情況有多危急，更明白清朝握有的籌碼多麼貧乏，不可能繼續堅持過去的那種傲慢態度，在和外國人交涉時，身段與溝通形式上都放軟、放鬆了許多。

另外還有一項政變帶來的效果，是使得慈禧及奕訢兩人和滿清貴冑的關係不穩定，帶著猜疑的不確定性，他們因而傾向於重用在既有皇位權力上沒有威脅的漢人。於是曾國藩、左宗棠、李鴻章等這些在平定太平天國立下功勞的漢人大臣，取得了過去不可想像的權力，壓過了滿官。

滿清朝廷和漢人之間的連結，曾國藩是關鍵，有效地平撫了慈禧和奕訢他們的疑慮。這些封疆大臣擄有武力，不用等到後來的張之洞，就已經能夠和中央分庭抗禮，但因為曾國藩作為他們的領袖，也等於是他們的效忠保證，以他的人格與信念，壓住了漢人的野心與作為。就連和曾國藩在個性與作風上最不相同的左宗棠，都必須受到曾國藩在這方面的強烈影響與約束。

因而原本看來在太平天國亂事之後，即將成形的一個漢人士人政權消弭於無形，清朝才得以延續下去。

09 與淮軍結盟的傭兵武力「常勝軍」

能夠擊敗太平天國，第三項重大因素是外國勢力。西方帝國主義者原本對太平天國有著同情好感，但不久之後就發現，號稱和基督教有同樣信仰的太平天國根本無法溝通，遑論建立更積極有效的連結。

新的認知反而讓西方列強取得了更靈活的立場，可以幫助太平天國，也可以支持清廷，端看哪一邊給他們較為有利的條件，甚至可以在擺盪間從雙方都得到好處。相對地，清廷則陷入兩難：如果要借英、法力量對付太平天國，就必須對這兩國進一步退讓，交付更多的利權；而如果對英、法強硬些，他們很可能就轉而去南京幫太平天國打清朝，從太平天國那裡得到他們覬覦的利權。

兩邊都是坑，跳下去都不容易上得來。不過歷史現實上這兩個坑清廷都沒有跳，出現了一個不一樣的變數，那就是在英、法之外，還有美國進來攪局。美國來到中國的主要不是聯邦政府，而是民間的海運商人，接著是帶有冒險犯難精神、從西向拓荒延續過來的傭兵。

與此相應的，在中國這邊又有淮軍的興起。由李鴻章帶領的淮軍，剛開始和湘軍關係密切，然而李鴻章的個性以及淮軍所涵蓋的東南海岸，尤其是上海地區的特質，使得淮軍逐漸發展出和湘軍很不一樣的面貌。

由美國人華爾（Frederick Townsend Ward, 1831-1862）率領的一支傭兵部隊，叫做「常勝軍」，在中國尋求冒險建功並發財的機會，可以想見要是去找曾國藩絕對得不到認可。曾國藩是連英、法兩國願意替清廷練兵都表示保留與高度懷疑的。英國具體提案協助訓練一支兩千人的部隊，也在曾國藩的拖延下不了了之。

但這方面淮軍的立場就開放多了，願意和「常勝軍」結盟。「常勝軍」如果不是傭兵部隊，不可能聽命於中國人，幫滿清朝廷打仗。英國、法國的軍隊當然要以自身國家的利益考量為優先。「常勝軍」在對抗太平天國的戰事上發揮了很大的作用，尤其是引進了新式的來福槍。

火槍從原來的單發點火，進化到以扣擊底火發射，再到來福槍在槍管中刻了膛線，大幅提升子彈的射程與準確度。來福槍對付舊式槍枝的優勢太明顯了，在敵人火槍射程外，來福槍就能有效地殺傷對方，讓對方根本無法靠近。

「常勝軍」也運用更先進的大炮，同樣具有更遠的射程，以及更準確的炮彈落點。帶著這樣的火炮，過去圍城時難以對付的城牆很容易就可以轟垮。

「常勝軍」先是由華爾帶領，後來變成英國人戈登（Charles George Gordon, 1833-1885），仍然維持傭兵的性質，沒有固定國家屬性，也就沒有西方國家政策與立場的介入，只要給錢他們就願意配合行動。有「常勝軍」的優勢武器協助淮軍，太平天國的防線逐漸瓦解，同時清廷得以擺脫面對英、法勢力時的兩難。

「常勝軍」這種傭兵不期然地出現，打亂了英、法政府的盤算，他們在軍事上能夠發揮的力量，大部分「常勝軍」也都具備。而「常勝軍」領錢做事，可以依隨指使，沒有後面虎視眈眈的龐大帝國主義威脅。太平天國在武器上比不過「常勝軍」，又缺乏知識、能力與管道去爭取英、法支持，於是軍事情勢很快地倒向一邊，到了一八六四年，「天京」守不住而被清朝收復。

10 政治骨幹也阻擋不了的官僚沉淪

局勢極其凶險，卻還是出現了「同治中興」，不過「中興」之後的滿清朝廷和之前已經大不相同。

首先是出現了新的政治骨幹，以漢人封疆大吏為主，他們維持對中央朝廷的效忠，但實際上握有相當程度的自主武力。也就是他們可以動用軍隊，卻始終沒有惡化和朝廷的既有上下關係，產生了難得又特殊的局面，才有了後面半世紀清朝的變化發展。

政治的骨幹移到地方上，中央的能力不斷下降，朝廷統轄的官僚系統也快速腐化、沉淪。賣官的做法不斷擴大，剛開始賣的是資格，到後來為了更快地收到更多錢，就連職位也賣了。更進一步就將原本以政治道德為本位的官僚風氣，轉而將政策與行政皆以買賣視之。

從同治年間到清朝滅亡，我們現在能掌握的可靠底層資料看來，這段期間裡，五百多個縣的知縣中正式派任而非買官取得的只有百分之四十。也就是說，高達六成的縣至少有一段時期其知縣職位是賣掉了的。

這一方面表示，知縣職位基本上已經變成朝廷的買賣商品，就算一個人依循原本的科舉管道，考到可以任官的資格，現在如果他不付錢買職位，恐怕也很難當上知縣。因為別人都在掏錢，付了錢之後將職位先占走，不付錢的人就只能在官場邊苦苦等待，上不了場。

另一方面，大批花錢買官的人進入官場，必然敗壞官職上的基本安排與基本要求。雍正皇帝的重大改革是以「養廉費」去除明朝官員在職務上想辦法弄錢的惡習，讓官員回歸朝廷給予的正常薪俸收入；然而到了這時候，「養廉費」相較於買官所需付出的成本，又顯得微不足道了。換句話說，一個當官的人，要籌措支付買官的費用，再要養活自己、養活一群幕客幫手，他當然必須在既有的薪俸之外再多想辦法。

買來的官職坐得上去，卻不見得坐得住。清朝中葉之後，買官的人進入官場，不只會招來白眼，還會被刻意找麻煩。衙門裡的其他人覺得你沒資格，更知道你沒經驗、沒能力。胥吏不見得能夠成事，卻絕對有很多扯後腿讓上官敗事的方法。買來的官位成本更高了，因為還得花更多錢收買這些胥吏，才能讓他們願意效力運作。

從咸豐年間就開始的趨勢，到了同治、光緒時期更加嚴重，那就是基層衙門裡的胥吏人數愈來愈多。胥吏沒有固定員額，由主官自己決定雇用。咸豐皇帝曾下過一道清查胥吏的詔令，就是因為看到有些縣竟然有兩、三百個吏，察覺到不對勁。

到了光緒年間，不只胥吏人數增加，又多了「白役」。依照字面看，「白役」是義工，幫忙跑腿不收工錢的，所以稱為「白」。但到了這時候，「白役」卻成為縣衙門的大宗開銷，知縣的沉重負擔。師爺叫捕快出門查案，一動身，後面跟了幾十個人，並不是他要帶幾十個人，而是幾十個人混在衙門裡等著跟他去收錢。

這些錢不會從朝廷來，有時候也不會從知縣的口袋裡掏出來，而是依附在衙門的各種權力之上，從民間要來、搜來的。這樣的行政運作當然不可能得到支持，當然累積了許多民怨，而且一直滲透到最底層，造成政治上最深刻、最難解決的問題。

不可能因為形成了新的政治骨幹就能阻擋這方面的沉淪敗壞，左宗棠、李鴻章他們管不到這些。他們忙於扶植自己的勢力，並保持和中央朝廷的關係。雖然有「同治中興」將看起來要掉到懸崖下的清朝拉住了，但其實只拉住一半，另一半還是無可挽回地掉了下去。

一直到清朝滅亡，歷史的主軸也就是這兩股力量的互動。「中興」刺激出部分的新興氣象，以及另一部分「中興」到達不了的地方情況持續惡化。清末的「改革派」繼承了新興氣象帶來的樂觀期待，相信可以用擴大改革來處理危機；相對地，「革命派」則專注看著惡化阻遏不了的面向，因而選擇了徹底推翻滿清的激烈態度。

第十講

通商口岸帶來的變化

01 被中國歷史遺忘的「洋人」

馬克思與恩格斯曾經在倫敦為《紐約日報》（*New York Daily News*）寫過一篇評論稿，文中說：

> 簡而言之，我們不應該像自認自己是武士的英國報紙那樣，對中國那些暴行東說西說、有所評論，而應該承認這是一場保衛自己的國家，為了自己的宗教信仰及生活方式而進行的戰爭。這是一場為了保存自我民族的人民戰爭，雖然你可能會認為這場戰爭帶有這個民族的傲慢、偏見、愚蠢，以及那種過度缺乏彈性和迂腐的蠻橫，但它終究是一場人民戰爭。

這段話的重點在於將太平天國形容為「人民戰爭」，中國大陸的史學研究依循這項評斷，從此定調。

不過另外值得注意的是，馬、恩為美國報紙寫文章，刻意將自己的立場和「英國報紙」劃清界線，顯示此時歐美對於發生在中國的騷亂事件並不陌生。這個時候，關於中國的消息已經能夠立即傳到西方去。

通商口岸開放了將近十年，更重要的，有不少來自不同國家的西方人來到中國。開放通商口岸，解除了原本限制重重的洋行制度，「洋人」在中國取得較大的行動與居住自由，就能夠接觸、傳遞更多中國內部的消息，讓歐美社會知道中國的狀況。

這些「洋人」都是些什麼人？如何來到中國？他們對於中國社會又產生了什麼樣的影響？如果對比從來沒到過中國的馬克思、恩格斯隨手為美國報紙寫的短文，竟然對中國近代的史學觀點發生那麼大的作用，我們會感到一份強烈的反諷。那就是那些當時來到中國、留在中國，甚至長時期住在中國的洋人，反而在中國歷史上被遺忘了。

不管是在臺灣或中國大陸受教育的人，即使是歷史系科班出身，在認識這段歷史時，都很少意識到這些洋人的存在，更遑論對他們是誰、在中國做了什麼事留有明確且深刻的印象。

02 洋行制度下對外國人的層層限制

前面提到費正清的中國研究來歷，他聰明地選擇中國海關作為對象，仔細整理了海關的豐富資料。相對地，很少中國人注意海關的歷史重要性，更少中國人知道：一八五九年（咸豐九年）

成立的「海關總稅務司署」，首任總稅務司是英國人李泰國（Horatio Nelson Lay, 1832-1898），而從一八六三年直到一九〇八年，長達四十五年的時間，這個機構掌握在另一位英國人手中，他的名字叫赫德。

費正清可以憑藉這套半世紀的海關史料得到博士學位，寫出一本大書，進而建立一個新的學派，鼓吹一種理解中國的新態度、新方法，但海峽兩岸的學界對赫德以及和他同時代來到中國的洋人卻表現得極其冷漠。

延續著費正清開拓的這條路，史景遷整理了一本面對一般讀者通俗好讀的作品，英文書名是 "*To Change China*"[14]，書中的內容就是介紹這些曾經在中國發揮過影響作用的洋人。

這本書從明末清初的耶穌會教士南懷仁、湯若望談起，第二章之後碰觸到從清朝中葉開始在中國活躍的洋人。例如有一位早在鴉片戰爭前的一八三四年就來到中國，因而必須受限居住在廣州的美國醫學傳教士伯駕（Peter Parker, 1804-1888）。

那個時代在洋行制度下，對於外國人有著層層限制，並且嚴密看管。准許外國人居住的區域，只有大約兩百公尺寬、一千六百公尺長，而且住在裡面的人不得攜帶眷屬，不能配備武器，不能乘轎，也不能划船。不能划船的規定源自這個特區與廣州城僅一水之隔，非經特別許可，外國人不得過河進入對岸廣州城的範圍內。

這樣的通商環境極其惡劣，給予洋人的待遇接近監禁坐牢。和坐牢「放風」一樣，每三天在洋行派遣人員陪伴下，洋人才能離開這塊區域，到附近特定的公園散步。幾乎只有著眼於商業利益的人，才願意接受這種條件，犧牲自由來到中國。

但伯駕不是，他代表了另一股新的勢力，開始對進入中國顯現出高度興趣，那就是抱持著基督新教傳教的熱忱，所以願意接受惡劣的條件。他們和之前由教廷或耶穌會派遣來到中國的傳教士又不一樣，抱持著新教的信仰，他們有更強烈的自我內在動力，有著不依賴組織團體的天真冒險精神。

天主教傳教士沒有自己的家庭，而是屬於教廷，由組織派遣，也由組織來選擇傳教的地區。一度開放和教廷來往的清朝，後來關閉了彼此間的正式互動，教廷的傳教士就不再派到中國來。一直要到十九世紀中葉，美國勢力興起，北美的新教徒得到更強大的信心，於是隨著美國對外擴張的新動向，湧冒出對外傳教的熱情。

14 可參考〔美〕史景遷著，溫洽溢譯，《改變中國》（*To Change China: Western Advisers in China, 1620-1960*）（臺北：時報出版，二〇一五年）。

03 科學技術讓中國人體會西方的能耐

伯駕是長老教會的信徒，年輕時就有一種特殊的生命態度，想到這個世界上還有不認識上帝與耶穌、不相信基督教的異教徒，就讓他心裡難過，也激起了他傳教的熱情。

懷抱著傳教熱情在一八三四年來到廣州，伯駕當然大失所望。嚴格限制下根本遇不到中國的異教徒，要如何傳教，又如何收容信徒成立教會？本來應該掉頭就離開中國的，不過伯駕曾經受過正規醫學訓練的身分，改變了這看似動彈不得的局面。

洋人不得離開限制區，一般也不會有中國人願意走進洋人區，不過如果為了看病，就可能產生動機，突破禁忌、恐懼與厭惡，讓中國人接近洋人。那個時候的洋行區大約有兩百多名洋人，伯駕先是替他們治病，慢慢地名聲傳了出去，開始有零零星星的中國人也來看病。

過了一年，伯駕一度自我懷疑，覺得自己無法有效開展傳教工作，幹嘛千里迢迢跑到中國來當醫生？他回去美國，但發現在美國生活更沒有目的，於是再次回到廣州。一八三五年十一月，他正式開設中國的第一家洋人醫院——廣州眼科醫局。

選擇眼科是經過特別思考的。伯駕敏感地察覺到中醫對於眼疾少有辦法，但相對地，中國人認為的眼疾從西醫角度看，大部分其實很好處理。中醫的盲點在於外科與眼科，而眼科比外科容易多了。

如此的策略選擇立刻收到驚人效果，醫局開張前三個月，伯駕就看了九百多名病人。接著除了眼科之外，又有其他不同問題的病人也來找他。他們身上通常帶著中醫不容易根治的疾病，其中很大一部分用西醫來處理卻不困難，所以伯駕也願意予以醫治。

還原當時伯駕醫局的情況：從早到晚門庭若市，還有連正常中國街道上都少見的女人和小孩來看病。很多人甚至在醫局門前的街道上過夜，以便能夠早點掛號。天剛破曉，就有很多轎子擠過來排隊，帶著僕人、馬伕，連官員、仕紳都聞名而來，將那小小的區域擠得水洩不通，到了大人必須將小孩舉到肩上，不然小孩會有被踩踏危險的地步。

每天來了幾百名病人，伯駕頂多能看治一、兩百個，情況不嚴重的只好請走。對當地中國人來說，最稀奇的是從知縣到省府的各級官員，只能和卑微身分的百姓一樣，坐在醫生桌前，期待這位洋人能夠伸出貴手、予以協助。

醫局裡只有一位醫師，伯駕沒辦法又看病、又動手術，所以每個星期只有一天能動手術。病人要先住進醫局，各種不同手術都集中在這一天。伯駕的記錄中顯示，同樣一天可能有截肢的，有切除乳房的，有摘除腫瘤的，當然因為是眼科醫院，更多是進行白內障手術的。

白內障手術相對簡單，所以是六到十六名病患同時進行，醫生像在下圍棋指導棋似的，一排連續開過去。處理完白內障病人，進入另一個房間，可能有十幾個病人都患了臉部病症，並排坐在長凳上，醫生又一邊走一邊動手術。後面則緊跟著中國助手，幫忙收拾縫治開刀後的傷口。

任何人看過這種場面，當然會留下很深刻的印象。如此驚人的景況告訴我們：最能夠直接在中國產生衝擊的是科學技術，無論是湯若望的天文學還是伯駕的外科醫學，都立即吸引了中國人的注意。科學技術的現象很容易超越文化隔閡，讓人體會西方的能耐與成就。

04 伯駕在中國的醫療貢獻和外交理解

伯駕藉著醫學突破了壁壘，接觸到中國人，很多很多的中國人。剛開始他很高興，但不久之後就轉而感到痛苦。他記得是什麼力量促使他到中國來，絕對不是為了行醫，而是為了要傳教。現在他眼前有太多的中國人，多到反而讓他沒有任何時間向他們傳教。

他開始懷疑自己是不是太過強調、專注在救治這些人的肉體，以至於失去了拯救他們靈魂的機會與能力。他無法解決這個問題，因為太多病人一直湧到，他不可能有時間跟他們多說什麼，更沒有時間去學習能夠向這些病人傳教的中文。

不過伯駕還是有效地塑造了一個典範，讓後來有傳教熱情的人模仿以醫療為手段進入中國。一八三八年，伯駕進一步將後續來到中國的洋人醫師組織起來，成立了「中國醫藥傳道會」，這個組織在中國存在、運作了很久。

「中國醫藥傳道會」成立第三年就爆發了鴉片戰爭，中國被迫打開大門。鴉片戰爭之前，林則徐一度強硬地將所有的洋人禁閉起來，要他們交出鴉片。伯駕也在被禁閉關押之列。不過伯駕的病歷資料中有一份編號為六五六五號的，有位病人叫做林則徐，身分是朝廷欽差大臣，病因是疝氣。

伯駕醫局裡的六五六五號病歷詳細記錄了病人求診的經過。最特殊之處在於，這位大人「理論上」從來沒有進入醫院，也從來沒有見到醫生。他依照舊規矩，由行商寫信傳達，請伯駕提供一份疝氣的處方。

伯駕找人翻譯，客氣地寫了一封中文回信，信中附上一幅人體解剖圖，指出疝氣發生的部位與原因，然後建議用綁「疝氣帶」的方式阻止小腸滑落，如此可以解決問題。

顯然病人接受了這項建議，就派一個曾經接受伯駕治療疝氣的病人，向伯駕請求給一條同樣的「疝氣帶」。伯駕拒絕了，表示自己是醫生，必須見到病人並以正確的方式為病人綁「疝氣帶」，不可以草率行事。

但欽差大臣無論如何不能來看洋人醫生，那怎麼辦？在鴉片爭議的緊張時刻，伯駕的醫局來了一個人，自稱是林則徐的兄弟，和林則徐有同樣的疝氣毛病，請伯駕幫他綁「疝氣帶」。伯駕完全了解這是怎麼回事，「理論上」欽差大臣沒有來見過洋人醫生，而林則徐畢竟獲益於西方醫學的「疝氣帶」，得到了緩解症狀的迫切需要。

雖然不能公開表現，但當時中國的士人官員透過現實經驗，開始感覺到西方具有神奇的優勢力量，愈來愈難再以傳統的「天下觀」來對待了。

受到鴉片戰爭影響，伯駕在一八四〇年返回美國，但兩年之後，一八四二年他還是又回到中國。這次他的身分除了執業醫生之外，更展現了參與外交事務的熱忱。一八四四年，伯駕獲得特使顧盛（Caleb Cushing, 1800-1879）委任，參與「望廈條約」的談判與簽訂；到一八五五年，他正式成為美國駐華專使。

這就是開放通商口岸帶來的重大變化，能說中國話、具備中國經驗、懂得如何和中國打交道的西方人開始受到重視。伯駕清楚示範了這樣的人能夠為西方國家帶來多大的利益。

「望廈條約」中最重要的條文，是清朝同意給予美國「最惠國待遇」，從此清朝對於任何其他國家的讓步，美國都有權利同等享有。到簽訂「望廈條約」之前，美國其實從來不曾對中國出兵，沒有施加過武力上的威脅，竟然平白獲得和英國同等的利權！

這就是伯駕利用他對中國的理解運作出來的。伯駕懂得如何和中國官員來往，也了解從「天下觀」的角度，大清王朝不能顯現對朝貢國的小器偏心，所以美國來要求和英國同等待遇，他們很難拒絕；而從「以夷制夷」的策略看，他們也認為引美國來牽制英國，對中國是有利的。

英國發動鴉片戰爭，耗費了多少人力金錢，幾經波折才得到的利權，伯駕在「望廈條約」的談判中就替美國都爭取到了，多麼有用啊！

伯駕在中國住了十多年，到一八五七年因健康理由卸除原本駐華專使的職務，才離開中國。

05 開放口岸，洋人與中國關係的突破點

伯駕的事蹟提醒我們：不要小看開放通商口岸這項歷史變化。開放口岸不只是多了幾個地方讓外國人可以做生意，關鍵在於這些通商口岸成為「南京條約」簽訂後洋人與中國關係的突破點。再加上太平天國的因素，洋人在中國的影響力大躍進。

伯駕在一八五七年離開中國，兩年後，另一位美國人來到中國，那就是華爾，也被中國人稱為華飛烈。華爾來自美國麻州的薩冷鎮（Salem, Massachusetts），這個鎮最有名的是十七世紀時發生了將少女指控為巫婆的「獵巫事件」，至今仍是對於集體恐慌與歇斯底里心理反應最著名的歷史案例，也使得每年到了萬聖節時，薩冷鎮就成為最熱門、最熱鬧的觀光景點，滿街都是和巫婆有關的布置、物品。

因而薩冷及其鄰近海邊城鎮的另一項歷史角色往往被忽略了，那就是這裡曾經是美國對中國航海貿易的出發點。麻州對外航海事業極其發達，奠定了十七、十八世紀此州領先於他州的經濟基礎。麻州南方的海港是捕鯨事業的中心，美國經典小說《白鯨記》（*Moby Dick*）便以此處為背景。至於麻州北方則是稍晚開展了對東方、尤其是和中國之間的頻繁貿易往來。薩冷旁邊的皮博迪鎮（Peabody, Massachusetts）現在有一所博物館，收藏了全美國最精美的中國貿易磁。

華爾小時候沒有受過太多的教育，十四歲就到船上工作，十五歲就隨船到過中國。後來他進入佛蒙特州（Vermont）的軍事學校，開始夢想著要再訪中國。前一代的伯駕懷抱著傳教的理想來到中國，後一代的華爾則換成以軍事刺激冒險為前往中國最主要的吸引力。

從十五世紀開始的大航海發現到十九世紀的帝國主義大擴張，中國成為全世界最後一塊神祕大地，充滿了令人陌生、好奇的事物，刺激了許多冒險家以中國為目標。「南京條約」簽訂前，他們早已經對中國好奇卻不得其門而入，到一八五〇年代，便迫不及待地湧向中國。

華爾到了上海，剛好遇到太平軍一路迫近，他靈機一動，便將一群同樣來中國冒險的外國人組織為一支私人部隊，幫助保衛害怕生命財產遭受破壞的上海商人。那時第二次英法聯軍事件剛結束，很容易找到尚未離開中國的英、法軍人。華爾以他們為骨幹，後來又多招了一些中國人，藉著上海商人的財力資助，成立了洋槍隊。

剛開始這支軍隊還不叫「常勝軍」，而且事實上在戰鬥時勝少敗多，華爾自己還曾因為號召、收留英國逃兵而被英方逮捕。一八六一年，華爾受俘逃出後改變策略，不再依靠上海商人，而是得到管道找上了淮軍的領袖李鴻章。

於是從一八六一年五月開始，華爾的軍隊改由淮軍出資支持，淮軍的財源又來自朝廷給予的釐金稅收，所以理論上，這支軍隊是由中國朝廷支應的。另外，華爾不再招募英國逃兵，反而招了更多中國人，給予他們西方式的訓練，運用西方式的武器，又和原本的清軍或團練不大相同。

06 從華爾到戈登，「常勝軍」的洋人將領

改組後的軍隊在寧波戰役打了勝仗、立下功勞，得到皇帝御賜「常勝軍」的名字，意味著連皇帝都知道有這支部隊的存在。華爾帶著他自己建立、訓練的傭兵部隊，接受李鴻章的調度與派遣，形成了一種曖昧的狀況。

一八六二年九月，當時才三十一歲的華爾在戰鬥中被一顆子彈打中腹部，遷延一天後傷重不治去世。他原本對於在中國的冒險事業抱持著高度幻夢，甚至還娶了上海「泰記行」老闆楊坊的女兒為妻，卻被一顆子彈毀掉了一切。

華爾不在了，「常勝軍」的曖昧狀況更被凸顯出來。這時要由誰來帶領這支軍隊呢？華爾身邊有一位副將白齊文（Henry Andres Burgevine, 1836-1865），也是美國人，本來由他來接替華爾領軍，維持私人軍隊的性質。但白齊文無法像華爾那樣得到李鴻章的信任，白齊文也不完全接受李鴻章的節制與調度。

在李鴻章的認知中，這支軍隊靠著中國官方提供經費，如果不聽使喚，那中國官方也可以予以解散。所以他就命令華爾的岳父楊坊扣住軍餉，以此給白齊文教訓。沒想到白齊文襲擊楊坊，強行搶走了四萬兩的軍餉。

白齊文自行控制軍隊，卻從李鴻章那裡搶走糧餉。李鴻章不得已，只好求助於英國人，請英國派出一位少校戈登，取代白齊文當「常勝軍」的統帥。

戈登和華爾的出身背景類似，家族經營捕鯨船，從小在海港長大，遇到了英國帝國主義大擴張時期，很自然地選擇參加皇家軍隊。他以英國皇家工兵軍團的軍人身分，參與了多次帝國的重要戰役，到過克里米亞、黑海，再往東到阿拉伯和亞美尼亞。在亞美尼亞時遇到第二次英法聯軍組成，就近從亞美尼亞調派到中國。

第二次英法聯軍以簽訂「北京條約」收場，英國滿意於清朝的退讓態度，決定協助清朝平定太平天國，於是同意將戈登派去帶領「常勝軍」。這項派任有其好處，也有麻煩問題。

最大的好處是戈登有職業軍人的身分與經驗，從訓練到戰略上都比華爾來得有概念、有準備，打起仗來也是從如何偵查、如何部署都按部就班且面面俱到。但問題是，這並不是一支正式的軍隊，裡面有少數的美國人、英國人，更多的是中國人，是由散兵游勇雜湊而成的。

華爾、白齊文帶領時，對這些士兵約束不多、要求很少，只要能上戰場、能打仗就好。戈登無法接受這種方式，而要將正規軍的紀律施加到「常勝軍」上，不得劫掠、不得姦淫，還會以強硬手段，包括將犯規的人處以軍法槍斃來執行紀律。這使得戈登和底下的士兵關係變得緊張。

更嚴重的，還有戈登與中國官員間的文化衝突。在戈登率領下，「常勝軍」參與了蘇州圍城戰役。戈登是炮兵出身，又有先進精良的火炮可以運用，有效地轟垮了蘇州城的防禦，對清軍收復蘇州有很大的貢獻。

在炮兵掩護下，「常勝軍」打前鋒衝進蘇州城，面對太平天國的眾多王爺，他以承諾不殺來招降。但等到李鴻章進城之後，卻完全不理會戈登的允諾，將這些投降的人都殺了。

在英文史料中留下了「常勝軍」同袍馬格里（Halliday Macartney, 1833-1906）的記錄，描述攻陷蘇州之後，他去見戈登，發現戈登竟然在哭。話還沒說，戈登就先彎下腰來，從床底下拿出一樣東西。房內很暗，看不清楚那是什麼，戈登大叫說：「這是納王郜永寬被砍下來的頭！這是可鄙的謀殺！」

07 西洋事物以驚人的速度湧入中國

戈登當了一輩子的軍人，沒有看過用這種方式處置敵軍降將的，尤其是以砍頭的方式，一定讓他深感震撼，使得他開始懷疑自己為清朝打仗的目的與意義。

在蘇州、常州等戰役建功之後，戈登得到了皇帝的賞賜，李鴻章也請旨裁遣了「常勝軍」。出乎所有人意料之外，戈登拒絕了白銀萬兩，提出了特別的要求，他不要財富，只要地位與榮耀。幾經討論，皇帝終於同意給戈登「著賞穿黃馬褂，賞戴花翎，並頒給提督品級章服四襲」

（《清穆宗毅皇帝實錄》）作為賞賜。

得到頂戴，戈登就要回去英國。在他寫給家人的信中，特別提到中國人千方百計阻止皇帝賞他黃馬褂，但他終究還是得到了，因為他堅持除了黃馬褂以外其他什麼都不要。他又在信中對母親說，他要將太平天國忠王的佩劍帶回去，母親會喜歡的。這把佩劍用太平天國的旗子裹著，而忠王最後就是被自己的劍斬殺了。

戈登是大英帝國輝煌時期的軍人，講究榮譽與尊重，而輕視金錢。他身上帶著強烈的英雄主義氣息，所以在中國成就了這些事業。回到英國後，大家不再叫他 Charles Gordon，而是改稱 Chinese Gordon，因為他的確是中國的官員，具備中國從一品提督的身分。

洋人當中，還有一位官品也很高的，那是丁韙良（William Alexander Parsons Martin, 1827-1916），曾經受賞「二品頂戴」（《清德宗景皇帝實錄》）。

十九世紀中葉，即使在歐洲，民族主義都還在發展當中，國族概念有曖昧的灰色地帶。原本在鴉片戰爭之後，中國和英、法等西方國家是敵對的，中國人已經意識到西方人要來搶奪利益，而且不覺得、也不相信西方人可能相對給中國帶來什麼利益。然而太平天國事件改變了清廷的看法。清廷不得不承認，和洋人來往畢竟有時也會有好處。

原先社會中有些人接觸到像伯駕帶來的西方醫術，包括連林則徐都體會到西方的益處。到太平天國騷亂之後，洋人科學技術有用的事實，帶給中國士人逃躲不開的巨大衝擊。

本來天真地想要將洋人擋在門外的想法維持不住了。一方面英法聯軍長驅直入攻進北京城，甚至燒了圓明園，清楚證明了洋人是擋不住的；另一方面，在對付太平天國的動盪時，竟然有美國人、英國人的協助能夠產生這麼大的差別。

如此情況促使西洋事物以驚人的速度湧入中國，其速度與幅度都超過後來歷史中所記載的。為什麼歷史記錄和真實情況有落差？因為從宏觀的角度看，中國改變的速度很慢，尤其在外患壓迫下，更顯得中國的變化遠遠趕不上危機的升高。但如果換從微觀的角度看，一件件、一項項去考察這段時間中引進來的西洋事物，那清單會很長，而且物物事事彼此密集接踵。

08 李泰國：中國海關與天津條約關鍵人物

對中國影響很大的洋人還有李泰國和赫德，這兩人前後相銜主導了中國的海關制度。

英國人關注要和中國建立正常的貿易往來，所以很重視海關。中國人沒有海關的經驗，也不知道要如何運用海關。說到「關稅之徵」，中國理解的是設一個關卡，讓地方官員對通過的貨物抽稅，然後將一部分定額交給朝廷。朝廷要求一個「關」有固定的獻納額度，卻不會細部過問、管理地方官員如何徵關稅，以及實際徵了多少。於是在和英國人談判的過程中，清廷就認為，與其自己派任一名地方官員去管這些進進出出的外國船隻與貨物，還不如委託給英國人處理，反正朝廷一樣可以得到來自「關」的定額上繳。

英國人代管海關，很快就證明了既可以維持關口秩序，又能夠增加關稅收入。李泰國是少見的第二代中國通，他的父親曾經在中國擔任過領事。十幾歲的時候父親去世，家庭陷入困境，母親請求英國政府讓兒子繼承父親的工作以支持家庭。所以他十五歲就來到中國，學會一口道地的漢語，能夠和中國人無礙地溝通。

李泰國二十二歲就成為英國駐上海副領事，在此期間參與了中國海關的創建。海關是個外包單位，屬於清朝政府，卻委託英國代管，所以李泰國名義上也隸屬於清廷。一八五八年，第一次英法聯軍後和清廷簽訂「天津條約」，李泰國也參與了談判。他漢語說得很好，又充分了解中國，很快就取得使節團中的實質主導地位。

使節團的正式代表是英國的額爾金伯爵（Earl of Elgin, 1811-1863），他當然不懂中文，也無法說漢語，就依賴李泰國當他最主要的參謀。李泰國建議額爾金，要他故意裝出狂傲、野蠻、不講理的姿態，這招用來對付中國人最有效。第一次會談時，中方的代表是七十三歲的滿官桂良。會議一開始，當時才二十六歲的李泰國就出面表示別的都能談，有一樁絕對沒得商量，就是中國必須開放外國公使駐節北京。李泰國其實很明白，咸豐皇帝最在意這件事，如此一來會議必定談不下去。

桂良知道茲事體大，就特別求情，表示外使駐京一事就算他答應了也沒用，因為回頭向皇帝奏報之後，他這個人就沒有了，一定會被殺頭的。李泰國卻告訴桂良：其實我的這種態度就是為了幫你保住腦袋。我們對你愈凶、愈高壓，壓得你一點辦法都沒有，那你在會議上不管答應什麼都愈安全。相反地，如果我們擺出什麼都能談的態度，那麼任何你協議讓步的，皇帝都會覺得是你談判不力，繼而追究你的責任，你才真的會掉腦袋吧！

一來一往話不投機，才開了一次會，桂良就再也不願當談判代表。於是再換另一位老先生，道光年間參與過簽訂「南京條約」的耆英被請出來。

耆英當年靠著放低姿態搏得英國人同情，得以阻止英國軍隊開拔北京，在南京將條約簽好。此時耆英也是對李泰國多所恭維，說了一大串道義原理。李泰國卻出其不意地拿出一份奏摺，上面內容是耆英在一八四四年（道光二十四年）時寫給皇帝的。

李泰國怎麼會有這份文件？那是因為會談前一年，「不戰不和不守，不死不降不走」的兩廣總督葉名琛在沒有準備的情況下遭遇城破，英法聯軍攻入廣州，衙門裡所藏各種與涉外相關的公文書就被英國人取走了。

耆英的奏摺中有一段描述與洋人來往之道，當然對洋人有很不客氣的態度，而且羅列了不同情況下的不同因應辦法。李泰國的用意很明顯：你用來對付我們的手段都寫在這裡，我們很明白，你可以不必再演了。老先生完全沒料到會受此屈辱，淚灑當場。

09 赫德與海關收入的重要維穩作用

對於「天津條約」的內容，咸豐皇帝很不滿意，認為派去的兩位代表不能奉行他的旨意，明明指示不能讓步的後來都讓步了。皇帝不知道的是，兩位代表實際上都敗在年紀輕輕的李泰國手中。皇帝更不會明白的是，這位給中國製造了很大傷害的李泰國，還是中國海關的雇員！

「天津條約」又開放了更多的口岸，於是在一八五九年，清廷和英國達成一項協定，正式成立了「海關總稅務司署」。在此之前，每個通商口岸各有海關，像是上海的海關設有「外國關稅監督委員會」，派任三位委員，英國、法國、美國各派一位予以監管。太多海關如果各自為政一定會出問題，所以要成立一個統整的機構。

這個新單位就委任李泰國來主導，然而中間生出了一個變數，一項更龐大的案子找上了李泰國。一八六一年（咸豐十一年），清廷委託他回到英國去購買戰艦，準備用來對付太平天國，平衡和太平天國在水戰上的兵力劣勢。

李泰國不可能放棄這個大案子，就將在廣州擔任粵海關副稅務司的赫德提拔為總稅務司署的副司長。名義上是副司長，但李泰國並不在中國，赫德成為實質的領導人，是在他手中將八個通商口岸的海關組合起來。

李泰國回到英國後，確實代購了軍艦，組成了艦隊，並委託一位叫阿思本（Sherard Osborne, 1822-1875）的英國人擔任艦長。阿思本率領艦隊來到中國，向清廷提出了統一號令的要求，表示他只受命於中國皇帝，不接受其他官員與地方政府的指使。這項要求同時觸犯了清朝中央與地方的禁忌，一方面皇帝怎麼能破壞體統，直接下令給洋人？另一方面，真正打仗的是這些封疆大吏，英國艦隊要跳過他們不受指揮，他們當然也反對。

自認為很了解中國的李泰國還是在這件事上嚴重誤判了。他以為為了要打太平天國，清廷一定會答應阿思本提出的要求，不料中國方面態度堅定，不惜放棄這整個計畫，造成李泰國的地位驟降。

因而從一八六三年（同治二年）起，赫德正式接掌海關總稅務司署，一直到他退休。他正式退休那年是一九〇八年（光緒三十四年），高齡七十三歲的他離開了中國，但他的位子還保留著，三年後才改由安格聯（Francis Arthur Aglen, 1869-1932）接掌。

赫德早在一八五四年就來到中國，停留了五十四年，其中有長達四十五年擔任海關總稅務司長。這麼漫長的歲月中，他只離開過中國兩次，一次是一八六六年，他回到英國去結婚。另一次是一八七八年，他去參加巴黎世界博覽會，而他的身分是中國代表團的團長。

最早成立粵海關時，每一年清廷能夠從海關得到五萬兩左右的稅收，這對國家財政不無小補。而從英國人接管中國海關後，短短兩年內，這筆稅收增至一年二十五萬兩。再到赫德在一八六一年接掌海關總稅務司署時，這年上繳清廷的數額是三百萬兩。等到赫德要離開海關總稅務司署時，一年的海關收入到達四百八十萬兩。

從一八七〇年代之後，清廷對外簽定的敗戰不平等條約，遇到有賠款，幾乎都是以海關收入作為抵押，再分若干年加利息償還。如果沒有這筆穩定的海關收入，中國恐怕連賠償都賠不起。靠著龐大的海關體制，至少清廷還能以賠款解決幾場重大挫敗，維持不覆滅、不亡國。

一八九五年甲午戰爭失敗後，原本簽訂的「馬關條約」中，清廷要將臺灣和遼東半島割讓給日本，後來是由俄羅斯帶頭出面，與德國、法國「三國干涉還遼」，才只割讓了臺灣。但日本當然不可能平白「還遼」，終究還是靠著海關收入抵押多增賠款，才保住了遼東。到那個時候，清廷風雨飄搖，對外唯一有價值、可以取信於人的，幾乎只剩未來的海關收入了。

10 同文館總教習丁韙良的八年西學課程

中國海關之所以值得信任，因為是由英國人赫德管理，而不是中國人。

赫德是一個事必躬親的工作狂，在他的長期任內打造了一個龐大的系統。到他要離開時，他所領導的海關機構一共聘用了一百五十二位英國人、三十八位德國人、三十二位日本人、三十一位法國人、十五位美國人、十四位俄羅斯人、九位義大利人、七位葡萄牙人、六位挪威人、六位丹麥人、五位比利時人、五位荷蘭人、四位瑞典人、三位西班牙人，還有一位韓國人。

他在中國打造了一個國際文官機構，後來不只管海關本業，清廷還將很多涉外日常事務都交由海關託管處理。任何內陸其他地區與通商口岸之間的貿易稅務，也都歸赫德的這個機構管轄。這個機構另有主要由中國人組成的「內班」，主理中國的郵政。這也就是為什麼費正清聰明地選擇了從海關的英文資料入手研究中國近代歷史，不需要精通中文，就能夠對那個時代的中國有深刻認識的原因。

在赫德任內，他還協助創立了「同文館」，其功能是要教中國人學習洋文，主要是英文，並且吸收西方的知識。居於同文館核心的，是長期擔任總教習的丁韙良。

丁韙良是美國人，一八二七年出生於印第安納州（Indiana），也是抱持著傳教的熱情到了中國。一八五〇年，他最早抵達寧波，卻不懂中文，便將他所聽到的寧波話用羅馬拼音的方式記錄下來，供自己學習。後來發現運用羅馬拼音還可以教不識字的中國人學習認字，進而能夠讀書，於是吸收了不少教徒。

當時即使在沿海的發達城市如寧波，還是有很高比例的人不識字，因為中文認字真的太困難了。丁韙良藉由引進羅馬拼音，將語言和文字接合起來，有助於克服認字的障礙，同時也開創了中國語言羅馬拼音的做法。

丁韙良在中國待了六十多年的時間，大部分時間花在組織、參與翻譯工作，並且將各種西方學問引入中國。一八六三年，他翻譯了美國外交官惠頓（Henry Wheaton, 1785-1848）所著的《國際法原理》（*Elements of International Law*），譯為《萬國公法》，以同文館的名義上呈給朝廷。朝廷完全不能理解看這種書要幹嘛，丁韙良必須耐心地上奏解釋，「國際法」就是英國、法國他們面對中國時基本立場的來源。朝廷總算被說服，同意印三百本《萬國公法》交給相關官員研讀。這是國際法和西方列國制度觀念正式進入中國的重要起點。

丁韙良先是進入同文館擔任英文教席，到一八六九年升任為總教席。他曾經訂定了一份八年的學習課表，培養能夠通達西方事務的人才。一個完全不懂洋文的中國人進入同文館，前三年先學習外語、世界地理及西方歷史。第四年、第五年學數學，第六年學機械學、微積分和航海學。第七年學天文學、地質學、礦物學，最後一年第八年才學政治經濟學與國際法。

這是一個全面的知識規劃，讓有心的中國人可以在八年時間裡得到西方知識的廣泛掌握。中國能夠逐漸吸收西方學問，很大一部分是靠著這些洋人的努力與影響。當時確實有很多洋人，不管出於什麼樣的動機，都急切地希望看到中國能夠有效地進入國際體系中。而丁韙良的八年計畫也讓我們清楚看出，當時西方人認為能對中國提供最有效幫助的一套知識系統。

11 引介翻譯西書 不遺餘力的傅蘭雅

丁韙良在同文館任職，同文館隸屬於「總理各國事務衙門」，所以在清廷的官僚體系中，他和清朝政府的關係比李泰國或赫德更直接。到一八八〇年，清廷開始有了改革動機，丁韙良還曾經帶領中國官員到歐洲各地考察教育，並且參與規劃廢科舉前後建新式學校的替代方案。

到一八九八年，中國第一間官辦大學「京師大學堂」設立，丁韙良被聘請擔任西學總教習，受賞二品頂戴，以外國人身分獲得很高的官職地位。

另外一位對於轉介西方知識大有貢獻的外國人是傅蘭雅（John Fryer, 1839-1928），他出生於英國肯特郡（Kent），二十二歲時到了香港，然後轉往北京，一八六三年進入同文館擔任英文教習。一八六八年，他被調往上海「江南製造局」的翻譯館，由此展開了龐大的翻譯工程。

從一八六〇年代到一八七〇年代，傅蘭雅翻譯了三十四本書；從一八八〇年代到一八九六年，他又翻譯了七十四本書。不只是數量驚人，這些書涵蓋的主題範圍更驚人。早期翻譯的三十四本書中，有九本是關於製造工藝的，七本是關於數學的，六本是軍事主題，四本是講航海的，三本是工程測量方面的，還有一本化學、一本物理、一本醫學方面的書。

後期翻譯的七十四本書，又增加了地質學、氣象學、科技專有名詞辭典、植物學、法律學、解剖學和政治經濟學等。

以一人之力能夠涉獵那麼廣泛的領域，並且有能力進行翻譯，這真的只有在十九世紀知識與教育尚未高度專業化、還能培養形成「通才」的背景中才有可能。另外，支持傅蘭雅如此努力從事翻譯，還有和丁韙良同樣的用意：他們都希望盡快讓中國擺脫對西方無知、和西方隔離的狀態，希望中國可以和西方接軌，成為列國秩序中的正常一分子。

然而和他們的苦心用意形成強烈對比的，是中國社會的反應。傅蘭雅所譯的書因為是由「江南製造局」印行的，所以留下了很明確的數字。這一百多種書籍總共賣了三萬一千一百冊，平均每種書賣不到三百冊。如此充分顯現出來，這個時代的問題不在西方知識的介紹引進，而在社會對於西方知識的接受吸收。

12 放棄舊典範、渴求新答案的騷動時代

我們可以用孔恩（Thomas S. Kuhn, 1922-1996）「典範移轉」（paradigm shift）的知識社會學理論來解釋。孔恩研究科學革命的歷史，發現了一個有趣的現象：一旦一項理論、一套知識解

釋系統成立之後，不會那麼容易被推翻。他就將這樣帶有高度堅固性質的理論、知識解釋系統稱為「典範」。

我們一般都認為科學家先蒐集了各種觀察、實驗現象，然後才形成一個可以解釋所有相關現象的理論，也就是必然現象在前、理論在後。可是孔恩研究科學革命的歷史卻發現：即使是科學家，一旦接受了一項理論，不會因為出現一個或幾個與理論不符的現象，就立刻推翻舊理論，改造成新理論。

例如，和「哥白尼革命」（Copernican Revolution）有關的變化過程中，天文觀察上早就認知許多不符合地球中心理論的現象。如果地球是中心，所有的星球繞著地球旋轉，依照這個理論形成的天體預測經常不準確。

照道理說，預測不準確就應該依照預測的結果懷疑理論，但是使得「哥白尼革命」如此難以誕生的，最主要就是當時的天文學家會優先懷疑觀察方法是否有問題，再來對既有的模式進行小幅修改，比如加上許多附隨的「周轉圓」來解釋星體為什麼沒有在預測的位置上，也就是盡量維護既有的理論，打擊並壓抑新想法、新說法。直到舊理論實在掛了太多難看、難堪的補釘，才終於轟然倒下，讓位給新典範，完成「典範移轉」。

在太平天國結束之前，中國正處於一個舊典範雖然受到挑戰、無法應對新現象，卻仍然努力進行縫補的階段，以至於能夠涵納西方知識的社會條件尚未成熟。不過到了一八九〇年代，舊典範失去了權威基礎，社會共識變成是要面對「數千年來未有之變局」（李鴻章語），也就是過去幾千年存在的傳統不再適用了，必須放棄傳統，重新摸索、打造新的知識與新的意識。

太平天國結束後，新的局面展開了，洋人與洋務的存在愈來愈巨大，不可能繼續限制、包納在傳統的舊框架裡。上千年時間打造出來的一套文明與信仰，此時無力再提供現實上的指引，在中國大家賴以互信互賴的一套共識和標準答案消失了。然而並不是否決、放棄了舊答案，新答案便會自動補位，發揮作用。於是此時產生了社會上的集體饑渴，渴望到傳統以外去尋求能夠用來建構新答案的資源與材料。

不一樣的人探尋不一樣的資源，引導朝著不一樣的方向建構新答案，因而這段時期出現了熱鬧的提案。對於如何解決現實問題，如何想像中國未來，有著比後來更寬廣的多樣散發性，五花八門、光怪陸離，什麼都可以想，什麼都可以提。

如此創造出一個雖然短暫、卻極其獨特的騷動時代，眾人在思想、言論、行為上不斷對話、衝突、撞擊。而一九一二年一月一日成立的共和政體中華民國，不過是在集體熱切追索答案的過程中，讓最多人勉強能形成交集的一個答案。因為是在尋求答案過程尚未走完的情況下浮現的，中華民國在歷史上注定只能是一個過程，不會是真正可以穩定下來的解決方案。

不一樣的中國史 ⑫
從八旗到洋行，天朝震盪的時代——清

作者 / 楊照

副總編輯 / 鄭祥琳
編輯協力 / 陳懿文
封面、內頁設計 / 謝佳穎
排版 / 連紫吟、曹任華
行銷企劃 / 舒意雯
出版一部總編輯暨總監 / 王明雪

發行人 / 王榮文
出版發行 / 遠流出版事業股份有限公司
地址 / 104005 台北市中山北路一段11號13樓
電話 / (02)2571-0297 傳眞 / (02)2571-0197 郵撥 / 0189456-1
著作權顧問 / 蕭雄淋律師

2021年 9 月1日 初版一刷
2021年11月5日 初版二刷
定價 / 新臺幣380元 (缺頁或破損的書，請寄回更換)

ISBN 978-957-32-9218-0

遠流博識網
http://www.ylib.com
E-mail: ylib@ylib.com
遠流粉絲團 https://www.facebook.com/ylibfans

國家圖書館出版品預行編目（CIP）資料

不一樣的中國史. 12：從八旗到洋行，天朝震盪的時代-清 / 楊照作. -- 初版. -- 臺北市：遠流, 2021.09
面； 公分.
ISBN 978-957-32-9218-0(平裝)

1.中國史

610 110010976